Thomas Rothschild

Das grosse Übel der Bourgeoisie

Gedruckt mit Unterstützung
der Kulturabteilung der Stadt Wien
und des Bundesministeriums für Bildung,
Wissenschaft und Kunst/Wien

Bibliografische Information der Deutschen Bibliothek
Die Deutsche Bibliothek verzeichnet diese Publikation in der Deutschen Nationalbibliografie; detaillierte bibliografische Daten sind im Internet über http://dnb.ddb.de abrufbar

Umschlaggestaltung: Gisela Scheubmayr
Lektorat: Erhard Waldner
Druck: AZ Druck und Datentechnik GmbH
Printed in Germany
ISBN 3-85371-217-7

Fordern Sie einen Gesamtprospekt des Verlages an bei:
Promedia Verlag, Wickenburggasse 5/12
A-1080 Wien, Fax: 0043/1/405 715 922
E-Mail: promedia@mediashop.at
Internet: www.mediashop.at

Thomas Rothschild

Das große Übel der *Bourgeoisie*

**Über die 68er, gute Manieren und Kleiderordnungen,
ferner über die Sozialdemokratie,
über Charles de Coster, Isaak Babel, Irmgard Keun,
Frank Capra, Alain Tanner und Ken Loach
sowie über Rockmusik**

PROMEDIA

Joachim Bark, Klaus H. Hilzinger, Volker Klotz und Rainer Schönhaar in Dankbarkeit für viele Jahre der kollegialen Nachsicht.

Inhaltsverzeichnis

Teil 1:
Zum Stand der Dinge 7

Exkurs über das kleinere Übel 25

Teil 2:
Gegenentwürfe 63

Charles de Coster: *Thyl Ulenspiegel* 66
Isaak Babel: *Die Reiterarmee* 72
Irmgard Keun: *Gilgi – eine von uns* 78
Frank Capra: *You Can't Take It With You* 98
Alain Tanner: *Messidor* 107
Ken Loach: *My Name is Joe* 115
Rockmusik 120

Anmerkungen 126
Literaturverzeichnis 141

Teil 1:
Zum Stand der Dinge

Ich wittre mich. Wollust, nach der ich dreißig Jahre gehungert. Nicht länger streune ich im Winde, von einem Tag zum andern werde ich ein regelrechter Name, bei dem Leute sich etwas einbilden. Der dicke Hicketier dachte gestern bestimmt beim Einschlafen: könnte ich den Schippel! Er geht schleichend herum. *Plüschmöbel! Eure Herrschaft rechnet mit mir. Ich darf mich in euch auslümmeln.*

Carl Sternheim: *Bürger Schippel*

Was den Bürger charakterisiert, – oder vielmehr das lächerliche, auch unter Proletariern und Adeligen vorkommende Geschöpf, das heutige Literaten unter jenem Namen zu begreifen lieben – das sind keineswegs positive oder negative Eigenschaften besonderer Art, sondern vielmehr der Umstand, daß der 'Bürger' es fertig bringt, auf seine Fehler, ja auf seine Laster gerade so stolz zu sein, wie auf seine Vorzüge und auf seine Tugenden, und daß er in jedem Fall mit sich höchst einverstanden ist, ob er duckmäusert oder über die Schnur haut.

Arthur Schnitzler: *Buch der Sprüche und Bedenken*

Es ist unter Angehörigen der 68er-Generation schick geworden, sich über die eigene antibürgerliche Vergangenheit lustig zu machen. Dass manche von Eifer und Rechthaberei bestimmten Äußerungen und Aktionen der Komik nicht entbehrten, konnten freilich Beteiligte schon damals entdecken. Aber auch die Slogans des revolutionären Bürgertums gegen die Aristokratie waren manchmal unfreiwillig komisch. Hatte das Bürgertum deshalb historisch Unrecht?

Sieht man genauer hin, wer heute vor süffisanter Selbstironie überfließt, so sind das in der Regel Leute, die ihre Karriere mittlerweile in Milieus geführt hat, in denen der bürgerliche Konsens ungebrochen herrscht. Als hätten sie nie etwas von falschem Bewusstsein und von den Mechanismen des Ausgleichs von kognitiver Dissonanz gehört, stimmen die Bekehrten in den Chor der Verächter all dessen ein, was sie einst als richtig erkannten, um so in umso größerer Harmonie die Vorteile zu genießen, die ihnen dieser Gesinnungswandel einbrachte. Sie sind nunmehr ebenso einseitige Verteidiger des Bürgerlichen, wie sie vor einiger Zeit dessen Bekämpfer waren.[1]

Der Fehler der 68er-Bewegung war, dass sie mit ihrer begründeten Kritik am Bürgertum häufig auch jene Werte verwarf, die es zu verteidigen oder, besser, in einen demokratischen Kontext hinüberzuretten gegolten hätte. So durchschaute man nicht (oder sah nicht voraus), dass, was mit der Formel von der „gesellschaftlichen Relevanz" wissenschaftlichen Treibens und universitärer Lehre gemeint schien, sehr bald im Interesse der Wirtschaft als „Verwertbarkeit" aufgenommen werden sollte. Deshalb verstummen die einstigen Kämpfer für eine demokratische Hochschule, wenn heute mit der Einführung von billigen Kurzstudiengängen und der gleichzeitigen Zulassung und Gründung von Privatuniversitäten für eine zahlungskräftige Elite die Kluft bei den Bildungsmöglichkeiten vergrößert und der Zustand an den Hochschulen hinter die Situation der 1950er Jahre zurückreformiert wird. Statt sich einzusetzen für ein Stipendiensystem, das es auch ökonomisch Schwachen – die ihnen auf dem Weg ins bürgerliche Lager aus dem Blick geraten sind – ermöglicht, sinnvoll, also *full time*, zu studieren, befürworten sie die Einrichtung von Studiengängen, die auf Kosten einer qualifizierten Ausbildung Zeit zum Jobben lassen. Sie sind heute ebenso Förderer eines bürgerlichen Bildungsprivilegs, wie sie einst verhöhnten und als überflüssig deklarierten, was das Bürgertum in seiner Geschichte an Bildungswerten akkumuliert hatte. Den Unterprivilegierten sollten diese Werte, aus unterschiedlichen Gründen, damals wie heute vorenthalten bleiben. Mit unterschiedlicher Begründung werden sie heute wie damals an die Adresse der Trivialkultur verwiesen, während sich die Neu- und Alt-Bürger an der von allen über Steuern subventionierten Hochkultur laben.

Nicht das Bürgerliche insgesamt ist von Übel. Die Ressentiments gegenüber den in der sozialen Hierarchie tiefer Stehenden, die nach wie vor wirksamen Standesdünkel sind es. Schon das Kleinbürgertum wird von der Bourgeoisie verachtet, während sie längst und nicht ohne Neid zur immer noch virulenten Aristokratie aufschaut. Die ihr Vermögen in den frühen Jahren der Industrialisierung und der Gründerzeit auf meist kriminelle Weise anhäuften, spotten über Neureiche.

Man kennt den Typ: Am Handgelenk trägt er eine goldene Uhr, der selbst der Laie anmerkt, dass sie einige durchschnittliche Monatslöhne gekostet hat, an seinen Fingern, seiner Krawatte, seinem Hals, seinen Manschetten glitzert und funkelt es wie an sämtlichen Körperteilen seiner Frau, aus der Tasche zieht er das protzige Futteral mit der Zigarre von überdimensionaler Länge, den Wein schaukelt er beim Kosten unübersehbar prüfend bis verzückt im aufgeblähten Mund, am Essen nörgelt er aus Prinzip herum, sein Hund ist Edelrasse, sein Außenpelz schimmert in verführerischer Weichheit und lässt alle Wildlife-Bedenken kleinlich erscheinen. Er ist eine komische Figur in seinem Bemühen, den erst kürzlich erworbenen Reichtum nicht nur zu genießen, sondern auch seiner Umwelt aufdringlich zu demonstrieren. Johann Nepomuk Nestroy hat diesem Typ einige seiner besten Pointen abgewonnen.

Ein „Neureicher“. Am nachdrücklichsten aber mokieren sich über ihn jene, die, wie sie wohl meinen, immer schon reich waren. Sie verschließen ihren Schmuck im Safe und tragen den Pelz innen. Die geübten Altreichen wissen, wie sie sich frisieren lassen, welches Make-up sie auflegen müssen, damit ihre Visagen keine Ähnlichkeit mehr zeigen mit jenen ihrer Vorväter, die vor zwei, drei, sechs Generationen ganz ordinäre (sic!) Neureiche waren. Was sie vergessen haben: Auch ihre Ahnen mussten erst lernen, wie man sich in der „besseren Gesellschaft“ bewegt und verhält, was man da tut und was man unterlässt, was man preisgibt (um seinen Anspruch geltend zu machen) und was man verheimlicht (um keinen Neid zu erregen). Auch sie mussten sich den Weg von der – etwa für Aristokraten – komischen Figur zur scheinbar würdigen, von ihresgleichen geachteten erkämpfen.

Wie aber wurden sie reich – erst neureich, dann einfach nur reich? Das heutige Russland ist interessant auch unter dem Aspekt, dass es uns mit hundert- bis zweihundertjähriger Verspätung gegenüber Westeuropa die Mechanismen der ursprünglichen Akkumulation vor Augen führt. Wie kommt es, dass es in einem Land, in dem vor 1990 praktisch kein privates Kapital vorhanden war, heute (sehr) Arme und (sehr) Reiche gibt? Das Märchen vom Reichtum durch bloße Tüchtigkeit wird hier spektakulär Lügen gestraft. Wer jetzt in Russland reich ist, wurde es, mit ganz wenigen Ausnahmen – etwa in Folge einer genialen Erfindung –, auf kriminelle Weise.

Auch die Vorfahren unserer Altreichen, die heute über den armen Neureichen spotten, wurden reich durch illegale und halblegale Transaktionen, zumindest aber durch inhumane

Tätigkeiten wie Ausbeutung von Kinderarbeit, Delogierung zum Zweck der Grundstücksspekulation, Herstellung von schädlichen Produkten, Vorbereitung und Belieferung von Kriegen, Kolonialisierung der Dritten Welt. Kurz: sie wurden reich auf Kosten anderer. Die Armut der anderen war (und ist) die Bedingung ihres Reichtums.

Das wurde in den vergangenen vier Jahrzehnten in einem kleinen Teil der Welt durch relativen Wohlstand auch der Ärmeren verschleiert. Heute aber, nach dem Endsieg des Kapitalismus, den auch viele, die es schon einmal besser wussten, bejubeln, weil sie sich opportunistisch und mit Erfolg einreden, die Unzulänglichkeiten und ökonomischen Misserfolge, die Grausamkeiten und Verbrechen einer niemals sozialistischen Sowjetunion und ihrer Verbündeten, von denen, wer wollte, nicht erst 1989 erfuhr, rechtfertigten die Menschenverachtung des Kapitalismus; heute aber, im Zeichen der keineswegs mehr utopischen Zweidrittelgesellschaft, ist es offenbar: Die Neureichen protzen mit ihrem Reichtum, die Altreichen zeigen ihn nur unter sich, in ihren Ghettos, sie alle aber haben kein schlechtes Gewissen wegen eines Reichtums, den andere mit Arbeitslosigkeit, Obdachlosigkeit, Hunger bezahlen. Das müsse eben in Kauf genommen werden, sagen die Satten. Das Bild von den Spatzen, die auch noch vom Rossapfel profitieren, wenn das Pferd gut gefüttert werde, erfährt eine aktuelle Erweiterung. Längst hält es das Pferd für gerechtfertigt, dass es gemästet wird, obwohl es Darmverschluss hat.

Allen gegenteiligen Versicherungen zum Trotz: Unsere Gesellschaft war seit 1945 noch nie so zynisch gegenüber den Schwachen, noch nie so unmenschlich gegenüber den Wehrlosen, noch nie so bereit, die Errungenschaften sozialer Kämpfe von mehr als hundert Jahren aufzugeben wie heute. Was wiegt die komische Figur des Neureichen in dieser Tragödie?

Bürgerlichkeit ist – auch wenn diese Terminologie, nicht zuletzt dank den Bemühungen der „selbstkritischen" 68er, aus dem Sprachgebrauch verschwunden ist – nach wie vor Instrument von Klassenprivilegien. Wer jene verteidigt, setzt sich dem Verdacht aus, an diesen (auf Kosten anderer) Anteil haben zu wollen.

Die bürgerliche Welt ist die Welt des Geldes. Reich zu werden, scheint heute das oberste Lebensziel. Muss man nicht irrewerden an einer Gesellschaft, in der Menschen ein durchschnittliches Jahresgehalt bezahlen, um ein eintägiges Motivationsseminar zu besuchen, bei dem sie nur eines lernen wollen: wie man mehrfacher Millionär wird, egal womit, egal wofür? Es hat schon seinen Grund, dass in Schulen nicht mehr nach Vorbildern gefragt wird. Die Zeiten, da ein Albert Schweitzer, eine Anne Frank oder auch ein lateinamerikanischer Arbeiterpriester genannt wurden, dürften endgültig vorbei sein. Heute riskiert jeder Lehrer, der diese Frage stellt, dass ihm Bill Gates oder Richard Branson genannt werden. Bei guten Bürgern (und Bürgerinnen, um den Feministinnen den Gefallen zu tun und daran zu erinnern, dass das Widerwärtige nicht allein in männlicher Gestalt auftritt) erntet der Wunsch eines jungen Menschen, Künstler oder Journalist zu werden, nur ungläubiges Kopfschütteln. Was sollte jemanden zu einer Perspektive verführen, die keine ist, die nämlich keinerlei Reichtum, ja nicht einmal ein gesichertes Einkommen verspricht?

Dass Arbeit Spaß machen kann, dass Gelderwerb nicht mehr sein muss als Notwendigkeit zum Lebensunterhalt, ist dem Bürger unbegreiflich. Bei all seinen Unternehmungen fragt er nach deren „Wert". Was keinen materiellen Nutzen einbringt, scheint ihm sinnlos. Das ganze Leben ist ihm eine ununterbrochene Kosten-Nutzen-Rechnung. Kunst, ihrem Wesen nach nutzlos, es sei denn, man spekuliert mit ihr, „genießt" er nur, weil das zu den Normen gehört, die

die Bourgeoisie im 19. Jahrhundert zu ihrer Legitimation aufgebaut hat und erst jetzt allmählich preisgibt. Kulturelle Ereignisse dienen dem Bürger weniger dazu, etwas zu erfahren, etwas zu sehen, als gesehen zu werden. Genau genommen ist er das eigentliche Kunstwerk. Die Kosmetikindustrie weiß das und lebt davon. Der Bürger strebt nach vorzeigbarem Besitz. Und bezahlt diesen Wunsch mit der permanenten Angst, dass man ihm diesen Besitz nehmen könnte. Weil dem Bürger jede Beziehung zur geschäftlichen Beziehung gerät, weil er sich bei jedem Menschen fragt: „Was bringt er mir ein?" – nicht zufällig ist der Begriff der „Solidarität", der aus der Arbeiterbewegung stammt, der Bourgeoisie fremd und, wenn sie ihn ausspricht, stets komisch –, traut er jedem Mitmenschen zu, dass er ihn betrügt und übervorteilt. Deshalb gittert er sich in seiner Luxusvilla ein und fürchtet sich vor Einbrechern wie vor Viren und Bakterien, die ihn ständig bedrohen. Deshalb überprüft er jede Rechnung mehrmals und ist misstrauisch, wenn ihm Gutes ohne Gegenleistung angeboten wird. Deshalb fischt er jede Geldmünze aus der Scheiße und wäscht und duscht sich in einem fort und achtet auf sein Äußeres. Das ungeföhnte Haar wäre unerträglich. Das Stroh im Kopf ist es nicht. Man kann es nicht sehen.

Weil Äußerliches so wichtig ist, lässt sich der Bourgeois von allem beeindrucken, was groß ist. Das unterscheidet ihn vom Kleinbürger, der im Kleinen, Verschnörkelten, Plüschigen verwirklicht sieht, was er für Gemütlichkeit hält. Der Großbürger neigt zur Gigantomanie. Überdimensionale Bauwerke erlauben es dem Untertan in ihm, sich klein zu machen und aufzublicken, und zugleich befriedigen sie sein Repräsentationsbedürfnis, seinen großsprecherischen Hang zur Selbstdarstellung und Selbstbeweihräucherung.

Ein Indiz der Renaissance bürgerlicher Normen ist die in mehreren Büchern dokumentierte Sorge um gute Manieren. Gegen gute Manieren gibt es kein vernünftiges Argument. Fragt sich nur, nach welchen Kriterien Manieren als gut klassifiziert werden. Seit der Rucksack – wie so vieles: aus den USA – nicht etwa als Wanderaccessoire, sondern als alltäglicher Behälter zum Transport von Schulsachen oder Gebrauchsgegenständen in Mode kam, muss man es sich gefallen lassen, dass einem diese Kunstbuckel in öffentlichen Verkehrsmitteln oder in Warteschlangen in den Bauch, den Oberarm oder, wenn man das Pech hat, klein zu sein, ins Gesicht gerammt werden. Die Rucksackmenschen haben sich nicht daran gewöhnt, dass ihr Körper eine künstliche Ausdehnung hat. Sie können mit dieser Erweiterung nicht umgehen. Im wörtlichen Sinne rücksichtslos schränken sie das Wohlbefinden ihrer Mitmenschen ein, dringen sie fortgesetzt in deren Intimzone ein. Sie verfügen über keine Verhaltensregeln, die der neuen Situation gerecht werden.

Seit das Handy zum Statussymbol und dann zur Unverzichtbarkeit wurde, muss es sich die Umwelt gefallen lassen, dass sie auf Flughäfen, in Bahnabteilen oder in Theaterfoyers von den mehr gebrüllten als gesprochenen Mitteilungen belästigt wird, die irgendein Fremder einer oder einem Unbekannten machen zu müssen meint. Im wörtlichen Sinne ohne Bedenken dringen die Handymenschen in den akustischen Intimbereich der Umstehenden ein. Sie haben nicht gelernt, mit der Situation, die ihr technisches Gerät schafft, sozialverträglich umzugehen.

So sinnlos es ist, Frauen rechts gehen zu lassen, seit Männer keine Degen und Frauen keine Krinolinen mehr tragen, so überflüssig es ist, Kartoffeln mit der Gabel zu zerteilen, seit kaum jemand mit Silberbesteck isst, so notwendig wäre es, allgemeine Regeln einzuhalten, die das Zusammenleben der Menschen erleichtern oder sogar erst ermöglichen. Manieren sind wichtig, wo sie eine Funktion haben.

Für die Bourgeoisie aber typisch ist, dass ihr Manieren Selbstzweck sind. Sie stellen einen Code dar, den zu beherrschen als Ausweis der Zugehörigkeit zur privilegierten Klasse dient. Man gibt sich zu erkennen, indem man sie einhält, auch wenn sie nichts zum sozialen Wohlbefinden beitragen. Manieren, die diesem Code nicht angehören, werden umso eifriger ignoriert. In Luis Buñuels Film *Der diskrete Charme der Bourgeoisie* mokieren sich die Herrschaften der besseren Gesellschaft über einen Diener, der einen angebotenen Kelch Champagner auf einen Schluck leert. Er hat damit niemandem geschadet. Aber er hat sich als einer entblößt, der den Code der Bourgeoisie nicht internalisiert hat. Und damit ist er für diese eine lächerliche Figur.

Woran erkennt man den eigentlichen Spießer, den der Bürger so sehr verachtet, weil er ihm so sehr gleicht? Nein, nicht an der Kleidung. Sondern an der Bedeutung, die er der Kleidung beimisst, und an der Sturheit, mit der er versucht, anderen seine Normen aufzuzwängen.

Dem Spießer schmeckt das Essen, gefällt das Konzert nur, wenn seine Nachbarn einer Kleiderordnung folgen, die er offenbar für gottgegeben hält, wenn sie sich in einer Weise kleiden, die er für „angemessen" oder „schön" hält. Noch hat niemand plausibel erklären können, warum ein dunkler Anzug mit Krawatte schöner sein soll als Jeans oder eine Kordjacke. Aber selbst wenn dies nachweisbar wäre: Ist tatsächlich die Feierlichkeit des dunklen Anzugs für den Genuss eines kulturellen Ereignisses eine bessere Vorbedingung als der Kunstverstand? Ist Künstlern tatsächlich mit einem „gut" gekleideten, aber gelangweilten Publikum besser gedient als umgekehrt?

Der Spießer mokiert sich über Plastiktischtücher – nicht, weil Damasttischtücher auf irgendeine objektivierbare Weise schöner wären (weniger praktisch sind sie allemal), sondern weil sie teurer sind. Auch sie dienen als Ausweis der

Standeszugehörigkeit. Noch der Dümmste und Untüchtigste meint, sich den Proletariern mit der Wohnküche überlegen fühlen zu dürfen, wenn sein Tisch weiß eingedeckt ist.[2] (Um die feministischen Sprachreglerinnen zufrieden zu stellen: das gilt natürlich auch für *die* Dümmste und *die* Untüchtigste.)

Der Spießer im Bürger versteckt hinter pseudoästhetischen Argumenten die Furcht vor einer Situation, die keine verbindlichen Verhaltensregeln mehr liefert, und sein Bedürfnis, sich selbst zu feiern, statt sich auf etwas einzulassen, bei dem er selbst am allerwenigsten interessiert. Zwanghaft hält er an den unbegründeten oder mit wahnwitzigen Argumenten gerechtfertigten Regeln fest, die seiner Phantasielosigkeit Orientierungshilfe leisten und ihm die Zugehörigkeit zu seinesgleichen bestätigen. Geradezu hasserfüllt verachtet er zugleich jene, die anders leben. Seine symbolischen Formen versteht er als Naturgesetze. Wer dagegen verstößt, wer etwa eine Hand in der Hosentasche hat oder aus der Flasche trinkt, erregt seine Empörung.

Zugegeben: es ist nicht angenehm, wenn der Nachbar im Restaurant penetrant nach Schweiß riecht oder wenn der Hintermann im Theater mit jedem Atemzug die rohen Zwiebeln verrät, die er kurz zuvor zu den Čevapčići verschlungen hat. Es stört allerdings auch das Wohlbefinden, wenn einem Tischnachbarn lautstark ihr Gespräch über die Aktienkurse aufdrängen, das man nicht hören will, oder wenn eine Frau im Theater ihrem schwerhörigen Mann immerfort wiederholt, was auf der Bühne gesagt wurde. Aber wer sich in seinem Vergnügen beeinträchtigt fühlt, weil sein Blick einen offenen Kragen oder gar unbedeckte Unterarme ertragen muss, gibt über ein bedenkliches Verhältnis zum menschlichen Körper Auskunft. Über ein spießiges, ein zutiefst provinzielles Verhältnis eben. Das ist bei Konzerten in Haigerloch ebenso daheim wie in Wien, in

Hamburger Luxusrestaurants ebenso wie beim Afternoon Tea im Londoner Claridge's. Und übrigens auch bei jenen exlinken Bildungsbürgern, die nichts degoutanter finden als einen Touristen mit Buschhemd, Bermudashorts und Billigkamera. Wer seine behaarten Beine zeigt, möge doch bitte daheim bleiben. Was, wie erwähnt, an den Universitäten zunehmend wiederhergestellt wird, das Klassenprivileg der Akademikerkinder, muss auch im Freizeitbereich zurückzuerobern sein. Schließlich wissen wir ja mittlerweile, dass der Sozialstaat ein Übel ist. An der Beseitigung seiner ohnedies minimalen symbolischen Äußerungen, darunter eben der vorübergehenden Dispensierung von Kleiderordnungen, arbeiten der Spießer und der Bildungsbürger (meist in der Person des spießigen Bildungsbürgers vereint) emsig zusammen.

Es ist im Übrigen bemerkenswert, dass die Reservate, die der Spießer am entschiedensten für die Kleiderordnung retten will, das Restaurant und das Theater und der prominenteste Restaurantkritiker und ein nicht ganz so prominenter Theaterkritiker denn auch die Vorreiter der Kleiderordnungspropaganda sind. Wolfram Siebeck, der entgegen aller Evidenz ständig behauptet, die Bürger wären nicht bereit, für ein Essen so viel auszugeben wie für einen Konzertabend oder einen Theaterbesuch, will ins Restaurant hinüberretten, was ihm am Theater am wichtigsten zu sein scheint, Krawatte und Jackett eben. Und der Theaterkritiker C. Bernd Sucher macht in einem der zahlreichen aktuellen Benimmbücher nicht nur darauf aufmerksam, dass „der helle Regenmantel über dem Frack"[3] (der, wie er im Übrigen konstatiert, „kleinere Männer oft nicht sonderlich kleidet") „nicht sehr kleidsam" sei, sondern er deklariert auch: „Zum Frack macht sich eine Taschenuhr gut, sie ist aber nicht Pflicht. Eine schöne, flache Armbanduhr ist durchaus erlaubt." Nicht Pflicht, durchaus erlaubt, nur flach muss es sein.

In der *ZEIT* vom 2. 8. 2001 antwortet Wolfram Siebeck auf die Frage, ob man Kartoffeln mit dem Messer schneiden dürfe, verchromtes Besteck würde zwar nicht anlaufen, aber es sei empfehlenswert, auch sinnlos gewordene Manieren beizubehalten. Schließlich würde man einander auch bei der Begegnung die Hand reichen, obwohl man keinen Dolch und kein Schwert mit sich herumtrage. Zum Schluss bedauert Siebeck, dass so viele Menschen beim Gähnen die Hand nicht mehr vor den Mund hielten.

Die Auskunft ist snobistisch. Und sie stellt zugleich eine falsche Analogie her. Die Geste der gereichten offenen Hand besagt zwar nicht mehr: „Siehe, ich bin unbewaffnet." Aber sie hat eine neue, durchaus sozial relevante Funktion angenommen, wenn sie nonverbal Begrüßung ausdrückt. Kartoffeln mit dem Messer zu schneiden ist hingegen praktisch. Der Verzicht auf das Messer signalisiert allenfalls: „Ich esse normalerweise mit Silberbesteck." Und über die Hand vor dem Mund kann man streiten. Dass der Einblick in den Rachen – etwa auch bei der Sängerin im Konzert? – unschön, gar unsozial sei, lässt sich ebenso wenig objektivieren wie die Hässlichkeit des Schlürfens, des Schmatzens oder des Rotzaufziehens. Unser (europäischer) Ekel davor ist anerzogen. Die Japaner und Chinesen, berühmt für ihre alte und elaborierte Höflichkeitskultur, reagieren darauf anders. Wenn es um die Vermeidung von Belästigung der Umwelt geht, wünschte man sich oft beim Sprechen, statt beim Gähnen, eine Barriere vor dem Mund.

Im Übrigen desavouiert jede Kleiderordnung ein frühbürgerliches Ideal: das Ideal der Vernunft. Wer im T-Shirt statt im Smoking zu einer Opernpremiere oder zu einem Empfang geht, verstößt gegen eine sinn- und funktionslose Konvention. Der Europäer aber, der bei schweißtreibenden Temperaturen und subtropischer Schwüle im zugeknöpften Blazer durch Shanghai spaziert, verstößt gegen die Vernunft, gegen die bürgerliche Tugend der Mündigkeit. Es gibt mittlerweile selbst Dirigenten und Oberkellner, die ihre Arbeitskleidung – den Frack – gegen bequemere Modelle eintauschen. Nur der Spießbürger hängt noch an diesem Klassenausweis. Unvergessen bleibt jener ältere Herr in Salzburg, der sich seiner Frau gegenüber empörte, weil nicht alle Festspielbesucher in Abendkleidung angekommen waren wie er, und dann mit Entsetzen hinnehmen musste, dass die Orchestermusiker *Aufstieg und Fall der Stadt Mahagonny* – dem Inhalt dieser Oper angemessen – in kurzen Hemdsärmeln intonierten.

Nun kann man natürlich resignieren: Warum soll ein Theaterkritiker nicht seine Hobbys haben? Der eine geht gern angeln, der andere bastelt gern Modellflugzeuge und C. Bernd Sucher belehrt halt über Benimmregeln, weil „die Geschichte der Zivilisation [...] auch die Geschichte des Benehmens" ist. Aber ganz so irrelevant für die Kritikertätigkeit ist solch ein Steckenpferd eben doch nicht. Denn wer just auf solch ein Unternehmen Zeit verschwendet, liefert sich dem Verdacht aus, auch sonst auf Regeln Wert zu legen, auf verbindliche Normen, auf Anstand und Sitte. Das gilt umso mehr angesichts des Eiertanzes, mit dem Sucher Regeln zugleich „als verbindliche Vorschrift in Frage stellen" und darauf überprüfen möchte, „welche neuen erforderlich sein könnten".

Das Theater aber ist gerade dort am interessantesten, wo es gegen überkommene und neue Regeln verstößt, wo es „unartig" ist, kurz: wo es sich, im Sinne der guten Gesellschaft aller Zeiten, schlecht benimmt. Provokation, nicht „Harmonie" ist seine Aufgabe, Rebellion, nicht spießiges Wohlverhalten.

Und einmal mehr beweist sich, dass Intoleranz, entgegen dem propagierten Gerücht, die Domäne des konservativen Bürgertums ist. Krawattenzwang gehört noch (und zunehmend wieder) zum aktiven Wortschatz. Man nenne die Disco, die tatsächlich einem Krawattenträger den Zutritt verweigert. Ein *laissez faire* ist dem Bürger jenseits des Marktes fremd. Ihm genügt es eben nicht, seine Krawatte auszuführen. Er besteht darauf, dass auch andere eine tragen. Was, wenn nicht dies, wäre intolerant?

Machen wir einmal einen Test. Ordnen Sie den folgenden Fragen jeweils die Antwort a) der arbeitslose Sozialhilfeempfänger oder b) der wohlhabende Großbürger zu. Oder, wenn Ihnen das zu persönlich ist: Schätzen Sie, welche von diesen beiden Antworten bei einer Umfrage eine Mehrheit fände.

Wer steht eher im Verdacht, eine kriminelle Tat auszuüben?

Wer verhält sich eher konformistisch?

Wer erliegt eher Vorurteilen und vertritt eher dezidiert unbewiesene Meinungen?

Wer wird als Konsument eher zum Opfer einer bewusstlosen Markenfixierung?

Wer ist eher von äußerlichen Statussymbolen abhängig?

Falls Sie diese Fragen mit der Variante a) beantwortet haben oder annehmen, dass eine Mehrheit das jedenfalls täte, stellen Sie sich nun bitte folgende weitere Fragen, für die keine alternativen Antworten angeboten werden:

Wie kommt es, dass einem beim Stichwort „Kriminalität" eher der Ladendiebstahl oder der Autoeinbruch einfällt als die Hinterziehung von Steuern in Millionenhöhe? Wie kommt es, dass die Großkriminalität der Bourgeoisie im öffentlichen Bewusstsein keine Rolle spielt, wenn von Gesetzesverstößen und Gegenmaßnahmen die Rede ist? Der Bürger jedenfalls hat ein gleich doppeltes Interesse daran. Einmal will er, dass seine eigenen Verbrechen verheimlicht oder verniedlicht werden, und dann will er geschützt werden vor den viel geringeren Verbrechen der Besitzlosen, durch die er sich bedroht fühlt. Die Gesetzgeber und die Justiz sind ihm denn auch weitgehend zu Willen. (Dieses Argument bewegt sich im Rahmen der bestehenden Gesetze, die definieren, was hier und jetzt kriminell ist – etwa das Einsperren eines Bankdirektors in den Eiskeller – und was nicht kriminell ist: etwa das Aussperren von Obdachlosen kurz vor dem Erfrierungstod aus beheizten Bankschalterhallen. Diese Gesetze wurden bekanntlich von der Bourgeoisie gemacht und dienen ihren Interessen.)

Wie kommt es, dass man Jugendlichen, die sich den Massenritualen des Stadions unterwerfen, oder Jeansträgern ohne weiteres Konformismus attestiert, nicht aber jenen parfümierten Snobs, die nach Bayreuth oder zu den Salzburger Festspielen reisen und sich dort für teures Geld bei ungeliebten Opern langweilen, weil das eben in ihren Kreisen erwartet wird?

Wie kommt es, dass astrologische Kolumnen keineswegs auf die Boulevardpresse beschränkt sind? Warum benennt man kaum je die massiven Standesdünkel der Bürger als das, was sie sind: als diskriminierende Vorurteile nämlich? Wird die Meinung, Arbeitslose seien an ihrem Schicksal selbst schuld, denn sie wollten bloß nicht arbeiten, oder die Ansicht, die Reichen wären allein durch Tüchtigkeit zu ihrem Wohlstand gelangt, weniger dezidiert vorgetragen, ist sie deshalb weniger falsch als die Überzeugung, dass es nichts Gutes bedeuten könne, wenn einem eine schwarze Katze über den Weg laufe?

Warum wird die Hausfrau, die sich von der Werbung Persil oder Uncle Ben's Reis einreden lässt, ehe sie zu Lidl einkaufen geht, verspottet, nicht aber die Dame der Gesellschaft, die auf eine ganz bestimmte Hautcreme besteht, die vor allem teuer sein muss, damit nicht jede sie sich leisten kann, und die es degoutant fände, Schuhe oder Kleider zu tragen, die nicht ein bekannter Markenname ziert?

Wie kommt es, dass der Mantafahrer verhöhnt wird, nicht aber der Jaguarfahrer, über dessen Intelligenz der Anekdotenschatz keine Auskunft gibt? Warum wird die Armbanduhr von Cartier weniger belächelt als das Goldkettchen des Zuhälters? Ist es tatsächlich so, dass sich, vor die Alternative gestellt, die Erich Fromm mit den Verben „haben“ oder „sein“ formuliert hat, der Großbürger eher als der Sozialhilfeempfänger für das Sein entschiede?

Noch nie in der Geschichte war das, was Karl Marx als Ideologie, als falsches Bewusstsein definiert hat, so mächtig wie heute, nach dem Zusammenbruch des Sowjetsystems, das sich deshalb relativierend auf den Westen auswirkte, weil noch seine Gegner dem Wahn verfielen, es sei sozialistisch. Die Gefahr des Klassenkampfes von unten scheint endgültig gebannt. Die Bourgeoisie hat nichts zu befürchten. Noch nie zuvor gelang es ihr so vollkommen, die eigenen Klasseninteressen als die allgemeinen Interessen auszugeben. Noch nie waren jene, die Opfer dieser Interessen sind, so schafäugig bereit, ihnen diesen Schwindel zu glauben.

Exkurs über das kleinere Übel

Die Herren machen das selber, daß ihnen der arme Mann feind wird. Die Ursache des Aufruhrs wollen sie nicht wegtun. Wie kann es die Länge gut werden? So ich das sage, muß ich aufrührisch sein! Wohlhin!
Thomas Münzer:
Hochverursachte Schutzrede

Politische Urteile sollten auf objektivierbaren Beobachtungen beruhen. Freilich: jeder Beobachter hat eine Biographie, und was und wie er beobachtet, ist, ob er es will oder nicht, von dieser Biographie beeinflusst. Das muss nicht nur von Schaden sein. Denn oft sind es gerade die biographischen Voraussetzungen, die den Blick auf Tatsachen lenken, die man, aus unterschiedlichen – auch wiederum aus biographischen – Gründen übersehen, ignoriert, verdrängt hat. Gerade die biographische Irritation kann zu Korrekturen führen, die der scheinbar objektive Zugang verweigert.

Es wäre unehrlich und im Übrigen auch bis zur Selbstverleugnung falsch, wenn ich so täte, als ließe sich die Beantwortung der hier gestellten Frage nach dem kleineren Übel von persönlichen Erfahrungen trennen. Diese persönlichen Erfahrungen dürfen bloß nicht zum ausschließlichen Maßstab gemacht werden. Es muss überprüft werden, welche allgemeine Wahrheit sie im Kern enthalten, ob und wie sie mit verallgemeinerbaren Beobachtungen übereinstimmen. Wer sich weigert, die politischen Implikationen von persönlichen Demütigungen zu erkennen, leidet an ideologischer Verblendung oder an einem bedenklichen Mangel an Selbstachtung. Nur ein erbärmlicher Knecht leckt den Stiefel, der ihn tritt. Wer aufrecht geht, kennt den herrischen Blick derer, die die Stiefel tragen. Und er weiß, dass dieser Blick der Verachtung nicht allein ihm gilt, sondern allen, die nicht zur Kaste der Herren gehören. Deshalb decken einander die Mitglieder der Kaste wechselseitig und nennen ihre Kumpanei Taktik oder (partei)politische Klugheit.

Dies vorausgesetzt, wüsste ich nicht, warum mir der Sozialdemokrat Caspar Einem, der offenbar zufrieden damit leben kann, dass eine Judenquote von null Prozent, im Gegensatz zu einer Frauenquote von fünfzig Prozent unter den Professoren des betroffenen Instituts bestehen bleibt und mir nach Jahrzehnten der Diskriminierung einen Ruf an eine Universität und damit die angestrebte Rückkehr in meine Heimat verweigert, als ein kleineres Übel erscheinen soll als, sagen wir, Erhard Busek von der ÖVP, von dem ich auf Grund analoger Fälle annehmen darf, dass er mich als Erstgereihten auf einer Berufungsliste nicht übergangen hätte, oder als der frühere Wiener ÖVP-Stadtrat Peter Marboe, dessen Kulturpolitik in keiner Weise reaktionärer oder protektionistischer war als die der SPÖ.[4] Warum soll ich von vornherein einen Heiner Geißler, einen Norbert Blüm, eine Rita Süssmuth für ein größeres Übel halten als Politiker der SPD, die in ihren sozialen Entscheidungen weit hinter den Überzeugungen der Genannten zurückbleiben? Und ist, was die innere Sicherheit angeht, ein größeres Übel denkbar als Otto Schily? Selbst CSU oder FPÖ hätten Schwierigkeiten, ihn rechts zu überholen.

Auf Grund meiner politischen Sozialisation war ich stets geneigt, die Sozialdemokratie, was immer mir an ihr missfiel, für das kleinere Übel zu halten. Dieses Dogma wurde nicht überprüft. Es schien sich aus der Geschichte als evident abzuleiten.

Meine persönliche Erfahrung mit der Sozialdemokratie, die Tatsache, dass mir ein sozialdemokratischer Minister größeren Schaden zugefügt hat als je einer von meinen deklarierten politischen Feinden, hat mich genötigt, dieses

Dogma zu überdenken. Zu welchen Schlüssen kommt man, fragte ich mich, wenn man nicht von vornherein einer Partei und deren Funktionären größeren Kredit gibt als anderen? Zu welchen Ergebnissen gelangt man, wenn man stattdessen nach jenen „essentials“ fragt, die für die eigenen politischen Überzeugungen bestimmend sind?

In den vergangenen Jahren wurde verschiedentlich behauptet, der Gegensatz von „Rechts“ und „Links“ sei nach dem Zusammenbruch des Sowjetimperiums obsolet geworden. Das halte ich für Unsinn. Ein großer Teil der Kriterien, die seit der Französischen Revolution die Rechte von der Linken unterschieden, sind bis heute benennbar, wirksam und relevant. Nach wie vor und mehr denn je steht dem linken Prinzip der sozialen Gerechtigkeit das rechte Prinzip des Sozialdarwinismus gegenüber.

Eins freilich hat sich im Lauf der vergangenen Jahrzehnte verändert. „Rechts“ ist nicht mehr eindeutig mit „konservativ“ und „links“ nicht mit „progressiv“ gleichzusetzen. In einer Zeit, in der sich „Progressivität“ in der bedingungslosen Anpassung an das Machbare manifestiert, in der Priorität von wirtschaftlicher Produktivität vor allen sozialen Werten, kommt den Rechten – in allen Parteien! – das Attribut der Progressivität zu und jenen Linken, die in Opposition dazu auf dem aufklärerischen Ideal des selbstbestimmten, mündigen Menschen, auf dem sozialistischen Ideal von Egalität und Verteilungsgerechtigkeit bestehen, das Attribut des Konservatismus.

Ich bekenne mich gerade als deklarierter Linker also zu einem derart definierten Konservatismus. Er bestimmt auch mein Kulturverständnis. Die freiwillige Aufgabe von Kultur und Bildung, und zwar sowohl aus der bürgerlichen wie aus der plebejisch-proletarischen Tradition, zu Gunsten des ubiquitären Prinzips der Profitmaximierung halte ich nicht für ein linkes Projekt. Sparhaushalte auf Kosten von Kultur und Bildung sind rechts und reaktionär, egal, ob sie von sozialdemokratischen oder von christlich-sozialen Regierungen beschlossen werden.

Wenn also nach dem kleineren Übel gefragt wird, wenn der Sozialdemokratie nicht mehr ein Blankoscheck überreicht werden soll, sind – nach meinem politischen Wertesystem jedenfalls, das ich im benannten Sinne für ein linkes halte – folgende Kriterien zu prüfen:

Wer betreibt eine Politik, die die Kluft zwischen Arm und Reich konsequent verringert, statt sie zu vergrößern?

Wer drängt den zunehmend aggressiven Einfluss der Wirtschaftsinteressen auf die Politik zurück und sorgt für uneingeschränkte Handlungsfähigkeit des Souveräns?

Wer leistet Widerstand gegen die Folgekosten der Globalisierung für die sozial Schwachen im Inland und im internationalen Maßstab, insbesondere in den Entwicklungsländern?

Wer betreibt eine Politik, die den sozial Benachteiligten den Zugang zu den Bildungsinstitutionen erleichtert und ihre Ausbildung verbessert, statt sie zu Gunsten von „Eliten" durch materielle Belastungen und Studienzeitverkürzung zu erschweren und zu verschlechtern?

Und schließlich, insbesondere in Österreich: Wer hat eine konsequent antinationalsozialistische Politik betrieben und (ehemalige) Nazis aus der eigenen Partei und aus der Öffentlichkeit fern gehalten, statt mit ihnen – und auf Kosten ihrer Opfer – Kompromisse zu schließen?

Wenn man, an Stelle eines blinden Lagerdenkens, solche Kriterien berücksichtigt, ergibt sich zum Beispiel die Frage, ob eine von Berlusconi mitgetragene gewerkschafts- und arbeitnehmerfeindliche Initiative beim EU-Gipfel in Barcelona neofaschistisch und zu bekämpfen und ob dieselbe Initiative sozialdemokratisch und das kleinere Übel ist, wenn sie von Blair ausgeht.

Als die Sowjetunion und ihr Imperium noch existierte, verwies man bei Äußerungen oppositioneller kommunistischer Parteien im Westen mit gutem Grund auf die Praxis jener kommunistischen Parteien, die an der Macht waren. Auch die Sozialdemokratie muss es sich gefallen lassen, dass man ihren in der Opposition gemachten Versicherungen misstraut. Auch ein oppositioneller Alfred Gusenbauer muss es hinnehmen, dass man seine programmatischen Ankündigungen an der politischen Praxis eines Tony Blair und eines Gerhard Schröder misst – jedenfalls so lange er sich nicht explizit von deren Politik distanziert. Eine Diskussion der sozialdemokratischen Politik in Europa kommt daher nicht darum herum, die Realität jener Länder einzubeziehen, in denen die Sozialdemokratie zurzeit an der Regierung ist.

Es war einmal, vor langer, langer Zeit, eine Partei, die nannte sich sozialistisch oder sozialdemokratisch und wurde gegründet, um sich für die Arbeiter einzusetzen und deren Interessen wahrzunehmen. Dafür wurde sie von den Unternehmern gehasst, denn deren Interessen waren jenen der Arbeiter entgegengesetzt. Der Staat schlug sich zeitweilig auf die Seite der Unternehmer, erließ in Bismarcks Deutschland ein Gesetz, das die Arbeiterpartei verbot, konnte aber deren Aktivisten nicht mundtot machen, denn die waren mutig, aufrecht und wussten, wofür sie kämpften. Es war einmal, vor langer, langer Zeit, ein Führer dieser Partei, der sagte voll Zuversicht: „Die SPD ist wehrlos, aber nicht ehrlos."

Wehrlos ist die SPD heute ebenso wenig wie die SPÖ oder die Labour Party. Ist sie dafür ein wenig ehrloser geworden? Die Arbeiterpartei von einst hat sich zunehmend dem Kapital angenähert. Nicht dem von Karl Marx, sondern jenem Kapital, das nach der Analyse von Karl Marx in einem Konflikt steht zu eben jener Arbeit, die traditionell die Domäne der Sozialdemokratie war. Dafür wird die SPD von den Unternehmern nicht mehr gehasst und bekämpft, sondern umarmt. Das Allensbacher Institut der nicht gerade für ihre linken Neigungen bekannten Demoskopin Elisabeth Noelle-Neumann hat im Jahr 2000 herausgefunden, dass zwei Drittel von befragten Spitzenkräften aus der Industrie mit der Wirtschaftspolitik der rot-grünen Koalition in Deutschland zufrieden waren. Die überwiegende Mehrheit der Wirtschaftsführer unterstützt die Steuer- und Rentenpolitik Gerhard Schröders und kritisiert die CDU/CSU, weil diese gegen die Regierungspolitik Widerstand leistet.

Es war einmal, vor langer, langer Zeit, da galt in den Arbeiterparteien der Grundsatz: „Wenn dich dein Gegner lobt, frag dich, was du falsch gemacht hast." Unternehmer streben nach Profit. Das ist ihr Geschäft. Die Arbeiter und Angestellten wollen höhere Löhne und Gehälter. Beides kann man nicht haben. Das eine geht auf Kosten des anderen. Unternehmerprofite oder Arbeiter- und Angestelltenlöhne. Die Sozialdemokratie muss sich entscheiden. Wenn wir das Lob der Wirtschaftsführer richtig verstehen und wenn diese die Politik Gerhard Schröders richtig verstehen – dumm sind sie ja nicht –, dann hat der sich schon entschieden. Dass, was für die Unternehmer gut ist und wofür sie die SPD loben, auch für die Arbeiter gut sei, kann ernsthaft nur glauben, wer sich mit dem bereits zitierten Bild vom Spatzen begnügt, der vom kräftig gefütterten Pferd profitiert, wenn das hinten etwas fallen lässt. Das Argument ist genauso zynisch wie, im internationalen Maßstab, das Argument, europäische oder nordamerikanische Unternehmen täten Gutes für die Menschen der Dritten Welt, wenn sie deren Arbeitskraft unter demütigenden Bedingungen und für Spottlöhne ausbeuteten, weil es ihnen ja ohne dieses „Angebot" noch schlechter ginge. Die Kolonialherrenmentalität feiert im Zeitalter der Global Players Auferstehung und spiegelt die Omnipräsenz der kapitalistischen Ideologie und die sie begleitenden Dünkel im nationalen Rahmen.

Die einstige Arbeiterpartei hat ihren Frieden gemacht mit den Gegnern von früher. Ihre Spitzenfunktionäre fühlen sich unter diesen genau genommen wohler als bei der Bezirksversammlung. Die Wirtschaft braucht vor dieser Sozialdemokratie keine Angst zu haben. Sie hat sie in der Hand. Für eine Zulassung von ausländischen Arbeitnehmern ist diese SPD genau dann, wenn die Industrie, nicht wenn die Menschlichkeit oder die internationale Solidarität – ein längst verunstalteter Begriff – es fordern. Dass Oskar Lafontaine diese Wende nicht mitmachen wollte, ist der tiefere Sinn seines Rücktritts und erklärt die üble Nachrede: Schurken mögen kein personifiziertes Gewissen, das sie an ihren Verrat erinnert.[5]

Unvorhergesehene Katastrophen erfordern rasche Reaktionen. Da verliert man leicht die Kontrolle. Für das übliche Taktieren bleibt nicht genug Zeit. Auf einmal wird die ungeschminkte Wahrheit sichtbar.

Die Hochwasserkatastrophe im Sommer 2002 war nicht zu verhindern. Jedenfalls nicht kurzfristig. Danach mussten die Folgen beseitigt, die entstandenen Kosten gedeckt werden. Abend für Abend schwoll die Brust der Fernsehmoderatoren, wenn sie in den Landesnachrichten davon berichteten, wie die einzelnen Bundesländer in Sachsen, Sachsen-Anhalt und Brandenburg Solidarität übten. Freiwillige Helfer reisten an, Geräte und Sachmittel wurden zur Verfügung gestellt und Politiker erklärten großzügig, dass man dafür „natürlich" nichts berechnen werde.

Schön und gut. Was eigentlich selbstverständlich sein sollte, wurde nun praktiziert und man schmeichelte sich damit, als hätte man erstmals entdeckt, worauf unsere angeblich christliche Kultur basiert: die Nächstenliebe. Mit leuchtenden Augen versicherten uns Menschen am Ort und ihre Stellvertreter weitab davon, dass nun bewiesen sei, wie falsch das Gerede vom allgemeinen Egoismus war.

Aber war nicht noch vor kurzem auch vom europäischen Haus die Rede? Und macht Solidarität an nationalen Grenzen Halt? Was ist sie dann mehr als eine Worthülse? Warum sollen Deutsche eher für Sachsen oder Brandenburger spenden als für die ärmeren und vom Hochwasser stärker betroffenen Tschechen? Und warum hört man nichts aus den USA? Sind die Opfer von Naturkatastrophen weniger solidaritäts- und spendenbedürftig als die Verwandten von Terroropfern?

Das Wasser brachte es an den Tag: All das Gerede von Europa galt nur für Schönwetter. Wenn's an die Geldbörse geht oder ans Anfassen, gelten die alten nationalen Kategorien, wie mitten im 19. Jahrhundert. Dann denken auch die Sozialdemokraten national. Wir sind keinen Schritt weiter. In den Nachrichten von CNN wurden die aktuellen Überflutungen in Europa und in Asien in einem Atem genannt. Wie oft und wie ausführlich hat man in der *Tagesschau* oder in *heute* von den asiatischen Hochwassern erfahren?

Das Wasser brachte es an den Tag. Allen Sparappellen zum Trotz: Wenn es sein muss, ist Geld aufzutreiben. Die Menschen spenden und der Staat entdeckt auf einmal Reserven, heute für die Hochwasseropfer, gestern für den Krieg in Afghanistan. Es ist alles eine Frage der Prioritäten. Warum aber funktioniert das nur, wenn es darum geht, das Eigentum von Deutschen zu retten, und nicht, wenn es um das Leben von Afrikanern, Asiaten und Lateinamerikanern geht? Wie zynisch ist eine Gesellschaft, die das kleine Opfer, das sie, wie sich in Folge der Katastrophe zeigt, aufzubringen durchaus imstande ist, ohne dass deshalb massenhaft Not ausbricht, nicht aufzubringen bereit ist, wenn es gilt, verhungernde Kinder außerhalb Deutschlands zu ernähren? Wenn das vorhandene Geld ansonsten zurückgehalten wird, dann bedeutet das nicht mehr und nicht weniger als die Aufkündigung von Solidarität. Es heißt im Klartext, dass auch für Sozialdemokraten das Wohlleben von Deutschen Priorität hat gegenüber dem Leben von Menschen in der Dritten Welt, die nicht verhungern und an vermeidbaren Krankheiten sterben müssten, flösse ihnen das Geld zu, das erst mit der anschwellenden Elbe fließt.

Katastrophen erfordern rasches Handeln. Die für 2003 vorgesehene Steuerreform wurde um ein Jahr verschoben. Schön und gut. Aber da war doch etwas. Diese Steuerreform sollte in erster Linie die mittleren und unteren Einkommen entlasten. Das heißt also: Ihre Verschiebung belastet in erster Linie die mittleren und unteren Einkommen. Entweder hat man vor der Katastrophe gelogen oder man hat danach gelogen oder es ist gehupft wie gesprungen, weil es der rot-grünen Regierung nie darauf ankam, die mittleren und unteren Schichten zu entlasten, sondern darauf, sich das Geld, mit oder ohne Hochwasser, dort zu holen, wo es am reichlichsten vorhanden ist.

Die Wahrheit wird oft verborgen. Das Wasser brachte sie an den Tag.

In Berlin gibt es eine Haltestelle namens Anhalter Bahnhof. Den Bahnhof freilich gibt es längst nicht mehr. Von ihm ist nur ein Ruinenfragment geblieben, das mahnend, aber funktionslos in die Gegend ragt.

Ähnlich verhält es sich mit der SPD. Sie trägt zwar die Bezeichnung „sozialdemokratisch" in ihrem Namen, aber von all dem, was diesen Begriff einmal inhaltlich ausmachte, ist kaum etwas geblieben. Und so dürfte der Titel eines Buchs von Christian v. Ditfurth, *SPD – eine Partei gibt sich auf*[6], spontan auf Zustimmung stoßen. Der Prozess dauert schon eine Weile an, er ist nicht auf die deutsche Sozialdemokratie beschränkt, aber dass die Sozialdemokratie mittlerweile mit ihrer ehrwürdigen Tradition gebrochen, dass sie längst auf ihre *essentials* verzichtet hat, ist evident. Manche loben diese Entwicklung, andere sehen sie mit Trauer, wieder andere haben dafür nur Häme übrig. Man kann verschieden darauf reagieren, nur leugnen kann man sie nicht.

So ist denn die Frage, die der Zeitgeschichtler in seiner knappen Vorbemerkung stellt, rhetorisch, nämlich „ob die SPD sich nicht überflüssig macht, wenn sie auf das verzichtet, was sie wesentlich von allen anderen Parteien unterscheidet“[7]. Der Rest des Buchs dient genau dem Nachweis der genannten Voraussetzung, also der ebenfalls evidenten Tatsache, dass die SPD nach und nach auf alles verzichtet, was sie von anderen Parteien unterscheidet. Dass die SPD die bessere CDU sei, ist mehr als ein Wortspiel, und die Kündigung der einstigen Position – wiederum: nicht nur in Deutschland – ist ja auch die Bedingung dafür, dass ehemalige kommunistische Parteien heute diese Position ausfüllen können. Vieles, was Gregor Gysi sagt, hätte man vor noch gar nicht so langer Zeit aus dem Munde sozialdemokratischer Politiker zu hören bekommen. Was nicht unbedingt für Gysi, aber gewiss gegen die Sozialdemokratie spricht.

Besonders schmerzt v. Ditfurth, und nicht nur ihn, der Verlust der Kompetenz für soziale Gerechtigkeit, den Umfragen der SPD Gerhard Schröders mit gutem Grund attestieren. Er ist die Kehrseite der Medaille, die eine Wirtschaftspolitik propagiert, die nach Schröders Worten nicht sozialdemokratisch, sondern nur gut oder schlecht sein kann und in der Praxis vor allem für die Unternehmer gut ist, also nicht eben für die traditionelle sozialdemokratische Klientel.

Als Ausgangspunkt, sozusagen zur Etablierung des Maßstabs, an dem sich die Selbstaufgabe der SPD überprüfen ließe, wählt v. Ditfurth eine differenzierte Darstellung der Positionen Eduard Bernsteins, die gut ein Drittel des Buchs füllt. Ein weiteres Drittel widmet er, immer mit Rückverweisen auf Bernsteins Einflüsse, der Geschichte der deutschen Sozialdemokratie bis zum Ende des Zweiten Weltkrieges. Ein besonders dunkles und wenig bekanntes Kapitel beschäftigt sich mit der Haltung der SPD zu Hitler. Die SPD-Führer, so weiß v. Ditfurth zu berichten, gingen Anfang April 1933 hart gegen eigene Genossen vor, als die Berliner Organisation der Sozialistischen Arbeiterjugend „in die Illegalität übergehen wollte, um den Widerstand gegen das braune Regime zu organisieren“[8]. Lapidar fügt er hinzu: „Statt Widerstand gab es eine Anbiederung an die neuen Machthaber.“[9] Und er liefert dafür Belege. SPD-Genossen erbaten von Hermann Göring Reisepässe, mit denen sie dann ins Ausland fuhren, um „ihre europäischen Bruderparteien davon abzuhalten, das NS-Regime allzu hart zu kritisieren“[10].

Hierzu passt, was der vormalige sozialdemokratische Reichskanzler Philipp Scheidemann im dänischen Exil notierte:

> Das Verhalten der meisten Gewerkschaftsführer ist kläglich zum Erbarmen gewesen. Ihre vorausgegangenen Verhandlungen mit dem General Schleicher, sowie die Versuche, einen Modus vivendi mit Hitler zu finden, stehen beispiellos da in der Geschichte der internationalen Arbeiterbewegung. Daß es Gewerkschaftsführer gegeben hat, die das von ihnen im Interesse ihrer Gewerkschaften rechtzeitig nach dem Ausland gesicherte Millionenvermögen zurückgeholt haben, um es für die ‘Verwaltung’ der Nazisten bereitzuhalten, ist eine Handlung, die in ihrer Jämmerlichkeit nur noch übertroffen werden konnte durch die später vorgebrachten Entschuldigungsgründe.[11]

Kaum bekannt dürfte auch sein, dass die SPD im März 1933 aus der Sozialistischen Internationale austrat, weil diese ohne Konsultation mit den deutschen Genossen zwei Resolutionen gegen die NS-Machthaber beschlossen hatte. Nur das Verbot der SPD konnte verhindern, dass die in Deutschland verbliebenen Funktionäre der SPD unter Paul Löbe, die sich offiziell von den in die Emigration gegangenen Parteiführern distanzierten und im Reichstag mehrheitlich Hitlers Friedensresolution zustimmten, zu Kollaborateuren der Nazis wurden. In diesem Zusammenhang erscheint die vor einiger Zeit publik gewordene Tatsache, dass die österreichische Schwesterpartei der SPD nach 1945 mit großem Elan ehemalige Nationalsozialisten aufnahm und deren Vergangenheit verschleierte, in neuem Licht.

Eine Kontinuität, die v. Ditfurth zu Recht beklagt, besteht darin, dass die SPD „zu oft das Gegenteil von dem praktizierte, was sie gefordert oder versprochen hatte“[12]. In der Weimarer Republik betraf das etwa den Panzerkreuzerbau, nach dem Godesberger Programm die Überführung großer Wirtschaftsgebilde in Gemeineigentum, die Investitionskontrolle, die Unternehmensverfassung für die Großwirtschaft oder die Änderung der ungerechten Einkommens- und Vermögensverteilung. Eingestandenermaßen zugespitzt formuliert v. Ditfurth: „Bis heute trauen sich manche Sozialdemokraten nicht mehr, auf das gültige Parteiprogramm zu verweisen, denn nur Naive können annehmen, dieses sei ernst gemeint und würde die Regierungsarbeit beeinflussen.“[13] Und zum Beleg zitiert er aus dem Berliner Programm von 1989, in dem die Rede ist von einer von Klassenschranken befreiten Gesellschaft, vom Abbau von Privilegien und von der Vollendung der Demokratie. Darauf folgt ein Satz, der ungeschützt ausspricht, was immer mehr potenzielle Sympathisanten von der SPD abstößt: „In Wahrheit will die gegenwärtige sozialdemokratische Politik die Reichen noch reicher machen in der Hoffnung, dass dabei Arbeitsplätze entstehen.“[14] Dieser Satz ist leider ebenso wahr wie banal. Zu Bernsteins Zeiten und noch vor kurzem hätte er allenfalls die christlich-sozialen Gegner charakterisiert. Er ist eines der stärksten Argumente dafür, dass sich die SPD aufgibt. Und v. Ditfurth paraphrasiert sarkastisch den alten Slogan „Was gut ist für Ford, ist gut für Amerika“ mit: „Was gut ist für Volkswagen, ist gut für Deutschland.“[15] Das Pferd und die Spatzen ...

Dieser Zustand freilich hat eine Vorgeschichte. Er ist das bisherige Ende eines seit langem anhaltenden Prozesses. Mit hoher Plausibilität behauptet v. Ditfurth: „Die Grünen besetzten den Platz, den die Schmidt-SPD links frei gemacht hatte. Es gibt in der Politik kein Vakuum, die Nachfrage schafft sich ihr Angebot.“[16] Nur sind die Grünen von heute nicht mehr die Grünen aus der Zeit Helmut Schmidts, ist die Regierungspartei Joschka Fischers weit entfernt von der oppositionellen Basisbewegung. Wer heute den Platz besetzen wird, den die SPD und auch die Grünen frei machen, steht noch nicht fest. Es muss nicht unbedingt eine linke Partei sein. Das österreichische Beispiel vermittelt eine Ahnung, was da in Zukunft drohen könnte. Das österreichische Beispiel ist übrigens auch ein Argument für v. Ditfurths These, dass die meisten Arbeiter nie sozialistisch waren, sondern lediglich ihre Partei, die SPD, als ihre politische Interessenvertretung in der bürgerlichen Gesellschaft begriffen. In dem Augenblick, da offensichtlich wurde, dass die Sozialdemokratie die Interessen der Arbeiter nicht mehr vertritt, weil sie eben dafür sorgt, dass die Reichen noch reicher werden, konnte ein Haider, der genau die Vertretung dieser Interessen verspricht, Zulauf gewinnen, und zwar eben bei jenen Arbeitern, die traditionell sozialdemokratisch gewählt hatten.

„Die Schröderisierung ist gleichbedeutend mit dem Verzicht, die Gesellschaft gegen die Interessen der Unternehmer zu verändern“[17], fasst v. Ditfurth zusammen. In diesen Zusammenhang gehört auch Schröders Vorstoß gegen das Recht auf Faulheit. Endlich hat sich der deutsche Bundeskanzler seiner sozialdemokratischen Herkunft besonnen. Endlich will er dem skandalösen Zustand, den auch der Armutsbericht auf erschütternde Weise erkennbar gemacht hat, dass nämlich die Kluft zwischen Arm und Reich immer größer wird, Einhalt gebieten. Deshalb hat er dem Recht auf Faulheit eine Absage erteilt. Dafür gebührt ihm Dank.

Künftig soll niemand von seinem Vermögen leben können, das er auf Kosten der Gesellschaft erworben hat: durch überhöhte Preise, durch niedrige Löhne, sehr häufig durch kriminelle Aktionen von Steuerhinterziehung bis zur Vergiftung von Mensch und Umwelt. Künftig soll niemand in Faulheit davon leben können, dass er die Notlage derer ausbeutet, die eine Wohnung benötigen.

Deshalb wird in Zukunft Steuerbetrug mit mehrjähriger Haftstrafe geahndet, die sich nicht mit Geld aus dem betrügerisch angehäuften Vermögen ablösen lässt. Deshalb wird das Erbrecht dahin geändert, dass künftig niemand in Faulheit von Ererbtem leben kann, ohne zum Wohl der Gesellschaft beizutragen.

Es gibt bekanntlich nicht genug Arbeitsplätze. Viele, die gerne arbeiten würden, finden keine oder zumindest keine zumutbare Arbeit. Ihre erzwungene Faulheit bezahlen sie mit gesellschaftlicher Geringschätzung, mit dem Verlust an Selbstvertrauen, mit Isolierung. Der Kanzler, der antrat, um für mehr soziale Gerechtigkeit zu sorgen, wird alles tun, um diesen Menschen auf der untersten Stufe der sozialen Rangordnung zu mehr Achtung und auch zu materieller Sicherheit zu verhelfen. Dafür wird er jene, die ohne Not faul sind, die Dauerurlauber unter den Vermögenden, zur Kasse bitten. Wer unter ihnen nicht nachweisen kann, dass er so viel arbeitet wie der durchschnittliche Arbeiter oder Angestellte, wird enteignet. Behalten darf er einen Betrag, der der Sozialhilfe entspricht. Der unermessliche Reichtum, der dadurch gewonnen wird, wird in Zukunft unter den Arbeitslosen verteilt, auch als Dank dafür, dass sie den ohnedies überlasteten Arbeitsmarkt nicht weiter in Anspruch nehmen. Den Obdachlosen werden die Schalterhallen der

Banken von Geschäftsschluss bis zur Öffnung am Morgen als Unterkunft zur Verfügung gestellt. Für die Beseitigung von Bierdosen und Butterbrotpapier werden die ansonsten unbeschäftigten Vorstands- und Aufsichtsratsmitglieder der Bank morgens in die Geschäftsräume beordert.

So sorgt der sozialdemokratische Bundeskanzler endlich für mehr soziale Gerechtigkeit. Undenkbar, dass just der Vorsitzende einer Partei, die sich traditionell als Teil der Arbeiterbewegung verstand, eine Gesellschaftsordnung befestigen wollte, in der die da unten mehr arbeiten müssen, damit die da oben umso mehr faulenzen können. Es war an der Zeit, dass einer anprangert, was zu den Grundübeln unserer so reichen und so armen Gesellschaft gehört: die Faulheit. In der Tat, ein Recht auf Faulheit gibt es nicht.

Oder sollten wir da etwas missverstanden haben? Und klingt es nicht abenteuerlich, was Gerhard Schröder bereits 1997 erklärte: „Wir werden damit Schluss machen, dass naturwissenschaftliche und technologische Innovationen zunächst auf ihre Risiken abgeklopft werden, ehe man sich ihren Chancen zuwendet.“[18] Ähnliche Äußerungen, die bei jeder Aktionärsversammlung von Hoechst oder Daimler-Chrysler willkommen wären, kann man freilich auch von sozialdemokratischen Funktionären in anderen Ländern hören. Es wäre eine Überlegung wert, inwiefern die beobachtete Entwicklung ein gesamteuropäischer Befund ist. Blair und Schröder haben nicht umsonst gemeinsam ein berüchtigtes Papier verfasst und der Österreicher Klima hat den Preis für diese verfehlte Politik bezahlen müssen. Er wird wohl nicht der Letzte bleiben.

Ihn persönlich freilich dürfte das nicht jucken. Nur ein halbes Jahr musste vergehen, ehe der aus dem Amt geschiedene sozialdemokratische Bundeskanzler Österreichs den Chefposten in der argentinischen Filiale des Volkswagenkonzerns übernahm, zu dem sein Freund Gerhard Schröder bekanntlich gute Beziehungen hat. Klima ist nicht der Erste, der diesen Weg geht. Die Hauffs und Spörris haben ihm das vorgemacht. Es gibt Gewerkschaftler, die Minister wurden. Kennt jemand einen Minister, der nach Verlust seines Amts in der Gewerkschaft oder als Betriebsrat weiterhin für die Interessen der Arbeiter eintrat?

Was die sozialdemokratischen Politiker von heute charakterisiert, ist ihre völlige Beziehungslosigkeit zur Arbeiterbewegung. Sie sind Karrierepolitiker, die es zufällig oder weil sie sich dort die besten Chancen ausgerechnet hatten, zur SPD oder zur SPÖ verschlug. Sie könnten ihren Ehrgeiz ohne Probleme auch in einer anderen Partei stillen. Caspar Einem, bis Anfang 2000 österreichischer Wissenschafts- und Verkehrsminister und ein Karrierist par excellence, brachte es zuwege, sich als der einzige Linke in der Regierung zu bezeichnen und zugleich in einem Kommentar aus dem Jahr 1998 zu schreiben, die alte Ordnung in „gut“ und „böse“, in „rechts“ und „links“ sei durch den Zusammenbruch des kommunistischen Systems zerfallen und habe viele orientierungslos gemacht. Wie ist das zu verstehen? Gibt da ein Sozialdemokrat den Begriff der „Linken“ an die Kommunisten preis? Wie anders sollte die Unterscheidung von „rechts“ und „links“ mit dem Zusammenbruch des autoritären Sowjetsystems zerfallen sein? Und bedeutet die Parallelisierung, dass Einem dem Begriff „links“ „böse“ und dem Begriff „rechts“ „gut“ zuordnet, oder umgekehrt? Lässt sich nicht nach wie vor sehr eindeutig benennen, ob eine Politik, die Unterprivilegierten nützt, gut und links oder böse und rechts ist? Fällt es Einem etwa schwer, bestimmte Äußerungen Jörg Haiders mit diesem Kategoriensystem, dieser angeblich zerfallenen „Ordnung“ zu qualifizieren? Wie will einer linke Politik machen, wenn er der Ansicht ist, dass es sie mangels einer Orientierung nicht geben kann? Wenn Einem mit dem krummen Satz etwas gegen manichäisches Denken aussagen wollte, dann kommt das jedenfalls nur sehr verblasen herüber. Und der Manichäismus war schon zu Zeiten der Existenz des „kommunistischen Systems" Unsinn. Es musste dieses nicht erst zusammenbrechen, damit intelligentere Leute diese „alte Ordnung" kritisierten, die man im Denken von Vulgärmaterialisten ebenso antraf und antrifft wie in dem von Jesuiten oder Primitivfeministinnen.[19]

Wohl wahr: die Attribute „links" und „rechts" lassen sich – wir sagten es bereits – nicht mehr blindlings jenen Parteien zuordnen, mit denen sie einst, vor langer, langer Zeit, untrennbar verbunden waren. Die Dispensierung der Kategorien „links" und „rechts" durch Sozialdemokraten aber bedeutet nur, dass sie sich als die bessere „Partei der Mitte" etablieren wollen. Über Jahrzehnte hinweg wählten viele die Sozialdemokraten als das „kleinere Übel". Was unterscheidet sie mittlerweile angesichts des Industrielobs, angesichts von Steuersenkungen für die Reichen, angesichts von Korruptionsaffären und der „Friedenspolitik" auf dem Balkan und in Afghanistan, auch angesichts der Tatsachen, die die Affäre Groß in Österreich ans Licht gebracht hat, vom größeren Übel? Haben sich in Österreich nicht die Monarchisten, so unzeitgemäß ihre Nostalgie, so bedenklich ihre Standesdünkel sein mögen, als zuverlässigere Antifaschisten erwiesen als die Sozialdemokratie, die jeden alten Nazi bereitwillig in den BSA aufnahm und dankbar war für jeden Emigranten, der es vorzog, nach 1945 im Exil zu bleiben?

In ihrem Buch über *Bürgerlichkeit*[20] schrieb Maria Roswitha Panzer bereits 1989, dass die SPD – und dasselbe lässt sich wohl auch über die anderen sozialdemokratischen Parteien sagen – zunehmend zu einer bürgerlichen Partei wurde und sowohl in ihrem Selbstverständnis wie auch in der Meinung vieler Wähler als solche gilt. Im Gegensatz zu den „explizit", also den nichtsozialistischen bürgerlichen Parteien trete jedoch „die SPD entschieden für mehr Sozialpolitik ein und sieht in den Privatisierungsanforderungen der CDU einen Angriff auf den Sozialstaat"[21]. Diese Aussage klingt einige Jahre später bereits historisch. Nicht einmal dieser Gegensatz ist mehr vorhanden, und wenn es um mehr soziale Gerechtigkeit sowie um eine Umverteilung des gesellschaftlichen Reichtums nach unten geht, unterscheiden sich die Sozialdemokraten nur in Nuancen von den traditionell bürgerlichen Parteien.

In diesem Zusammenhang lohnt es sich, noch einmal über v. Ditfurths These zu reflektieren, nach der die meisten Arbeiter nie sozialistisch gewesen seien, sondern ihre Partei, die SPD, als ihre politische Interessenvertretung in der bürgerlichen Gesellschaft begriffen hätten. Der Befund lässt sich schwer im Nachhinein quantifizieren. Die Existenz klassenbewusster sozialistischer Arbeiter in früheren Epochen zu leugnen wäre wohl ebenso irreführend wie eine romantisierende Idealisierung des Arbeiters. Aber was man bei den 68ern innerhalb einer Generation beobachten konnte, dass viele von ihnen nämlich politisch nichts begriffen hatten und nur so lange „links" waren, wie es im Rahmen einer Hochschulrevolte ihren Interessen zu dienen schien, dürfte tatsächlich auch auf viele Arbeiter zutreffen. Nicht erst Haider stärkt diese These. Der massenhafte Eintritt von Sozialdemokraten und auch von Kommunisten in die NSDAP lässt ebenfalls an einem allzu ausgebildeten sozialistischen Bewusstsein zweifeln. Es spricht vieles dafür, dass Ideologien fast stets eine geringere Rolle spielen, als die Ideologen suggerieren. Moralische Prinzipien zählen meist nur so lange, wie sie zur Rechtfertigung egoistischer Ziele dienen. Der Arbeiter, der gerade so lange „sozialistisch" denkt, wie ihm das eine Gemeindewohnung einbringt (und die SPÖ hat diesen Opportunismus ja kaltschnäuzig und skrupellos bedient, was der einstige sozialdemokratische, als links geltende Innenminister Karl Blecha einmal unumwunden zugab – mit Bedauern über den Opportunismus, nicht über die nepotistische Vergabe von Privilegien durch die Partei! –, nur um einige Jahre später mit einem „Aufstand“ zu drohen, wenn jemand behaupte, es gebe in der SPÖ „braune Flecken“), findet seine Entsprechung im 68er, der so lange für Mitbestimmung und den Abbau von Hierarchien war, bis er im Vorstand eines Unternehmens landete, oder in der Feministin, die für Gleichberechtigung eintrat, so lange man sie, die Professorin, nicht mit einer Putzfrau gleichstellte.

Das Märchen von der Arbeiterpartei hat leider nicht den positiven Schluss, den die Gattung eigentlich verlangt. Denn in die Lücke, die sie hinterlässt, strömen eben Leute wie Jörg Haider. Seine Partei hat, wie bereits erwähnt, die größten Gewinne unter jenen Enttäuschten gemacht, die früher sozialdemokratisch wählten. Dass er nicht wirklich für ihre Interessen eintritt, ist offensichtlich. So viel aber ist den alten Sozis klar: dass sie auch von jenen, die von den Wirtschaftsbossen gelobt werden, von jenen, die bei erster Gelegenheit selbst Bosse und Interessenvertreter der Industrie werden, kurz: von jenen, die zu willfährigen Adepten der bürgerlichen Ideologie geworden sind, nichts zu erwarten haben.

In diesem Kontext ist auch eine Fußnote der Weltgeschichte bemerkenswert. Wie verzweifelt die Lage der „kritischen Intellektuellen“ in Österreich sein muss, lässt sich daran ermessen, dass sie Gerhard Schröder bei seinem Besuch im Mai 2001 als ihren privaten Staatsgast empfingen. Dem deutschen Bundeskanzler konnte das nur willkommen sein. Er weiß genau, was schmückt. In seiner Heimat muss er schon lange auf solch eine Anhäufung von kritischen Intellektuellen verzichten.

Worüber haben die österreichischen „kritischen Intellektuellen“ mit ihm gesprochen? Über das Recht auf Faulheit? Über die Umverteilung des Reichtums von unten nach oben? Über die Beteiligung Deutschlands am Kosovo-Krieg?

Es ehrt die „kritischen Intellektuellen“ Österreichs, wenn sie in ihrer Opposition gegen die schwarz-blaue Regierung Ausdauer beweisen, wenn sie nicht zu Kollaborateuren werden. Und wenn viele die Gastfreundschaft André Hellers in Anspruch nahmen, die ihn über Jahre hinweg geschmäht und gewiss als Intellektuellen nicht akzeptiert haben, so kann man sich nur über die späte Erkenntnis freuen, dass Zivilcourage und Dandytum vereinbar sind.

Aber wie kritisch sind Intellektuelle, deren Kritik vor einer Sozialdemokratie, die keine mehr ist, Halt macht? Gerhard Schröder als Hoffnungsträger? Jener Schröder, der, wie erwähnt, für den österreichischen Ex-Kanzler Klima ein gutes Wort bei Volkswagen eingelegt hat, wo Klima nun ungestört die Interessen des Kapitals wahrnehmen kann? Wie kritisch ist Isolde Charim, die erstaunt tat über Konrad Paul Liessmanns zynische Anbiederung an die FPÖ und ihm noch kurz zuvor Öffentlichkeit verschafft hatte, obwohl er bereits seit Jahren seinen Spott über jene „Gutmenschen“ verstreute, die vor Jörg Haider warnten? Wie kritisch ist diese unüberhörbare Wortführerin der „kritischen Intellektuellen“, wenn sie erst nach dem Regierungswechsel zu begreifen beginnt, dass Ex-Trotzkisten wie Liessmann – ähnlich wie viele Ex-KBWler in Deutschland – die ärgsten Feinde einer linken Politik geworden sind?

Die Ex-Trotzkisten, denen die Kommunisten einst zu revisionistisch waren, attestieren der SPÖ als Dank dafür, dass sie ihnen für die vermeintlichen Jugendsünden Absolution und mit einer neuen politischen Heimat auch gleich eine Karriere angeboten hat, dass sie ein Muster an Demokratie und frei von jeglichem antisemitischen und chauvinistischen Gedankengut sei. Angesichts solcher Kronzeugen gelangt man leicht zur Überzeugung, dass jedes Übel noch übertroffen wird vom Übel des Opportunismus – dem freilich gerade die Sozialdemokratie Tür und Tor geöffnet hat.

Die einst für Gerechtigkeit zu kämpfen vorgaben und für die Interessen der Benachteiligten, kämpfen heute für Privilegien und für die Interessen der eigenen Bezugsgruppe. Statt Solidarität mit den Schwachen: Anbiederung an die Mächtigen. Statt einer I., II., III. Internationale: der Selbstbetrug, dass es keine Arbeiter und keinen Klassenkampf mehr gebe, sondern nur eine Neue Mitte und das allgemeine Wohl. Sie sind heute ebenso angepasst, wie sie seinerzeit politisch naiv waren. Sie sind selbstgerecht geblieben, freilich ohne jene Verpflichtung an ein soziales Gewissen, das ihre Vergangenheit bei aller Blindgläubigkeit sympathisch erscheinen lässt. Die in Österreich von Konrad Paul Liessmann und Robert Schindel vorbuchstabierte und deutschen Berufsätzern abgelauschte Verhöhnung des „Gutmenschen“, die Absage an die Hintanstellung persönlicher Interessen gegenüber der Solidarität mit den Unterprivilegierten, die Verdächtigung des Fanatismus gegenüber jenen, die sich eine bessere Welt wünschen – als wären die Bewahrer eines schlechten Status quo weniger fanatisch –, all dies gehört längst zum ideologischen Repertoire der Sozialdemokratie. Ihre Solidarität gilt nicht den Kindern der Dritten Welt, von denen täglich (!) 60.000 verhungern, sondern George W. Bush und allenfalls den Hinterbliebenen von 17 Opfern eines Amokläufers.

Da die jungen Wilden von gestern selbst keine Prinzipien mehr haben, stört sie nicht die Prinzipienlosigkeit der SPÖ, sondern nur, dass diese, aus der Regierung gedrängt, weniger Vorteile zu gewähren hat als in den vorausgegangenen Jahrzehnten. Denn auch in dieser Beziehung war die SPÖ nie das kleinere Übel. Nepotismus und Protektionismus beherrschte sie ebenso perfekt und mit ebenso dreister Schamlosigkeit wie der katholische Cartellverband (CV). Dass man ein Parteibuch benötigte, um eine Wiener Gemeindewohnung zu bekommen, galt als gottgewolltes Naturgesetz; Ursula Pasterk bewilligte als Kulturstadträtin finanzielle Zuwendungen wie fürstliche Gnadenakte; und noch Caspar Einem begründete die Ablehnung meiner Berufung an die Uni gegenüber einer Journalistin unter anderem damit, er habe nicht gewusst, dass ich den Bruno-Kreisky-Preis erhalten hatte – als wäre just dies ein Argument für eine Berufung.

Diese eingeschränkte Sicht ist auch dafür verantwortlich, dass die „kritischen Intellektuellen" bis heute keine plausible Analyse von Haiders Erfolg vorlegen konnten. Sie müsste nämlich ansetzen bei den Fehlern der Sozialdemokraten, der Klimas und Schröders und Blairs, die ihre Stammwähler – zunächst einmal in Österreich – rechten Populisten in die Arme treiben. Nicht jeder zieht aus seiner Enttäuschung dieselben Schlüsse wie der gescholtene Oskar Lafontaine. Und von einem Empfang Lafontaines durch Österreichs „kritische Intellektuelle" ist nichts bekannt.

In Zeiten der sozialdemokratischen Herrschaft schien es den „kritischen Intellektuellen" stets außerordentlich wichtig zu sein, dass sie alljährlich zum frühsommerlichen Gartenfest des Bundeskanzlers eingeladen wurden. Die Nähe zur Macht genierte sie nicht. Viele von ihnen genossen Vorteile, die sie nun zu verlieren fürchten müssen. Es geht beim Buhlen um die Sozialdemokraten im In- und Ausland nicht zuletzt auch um Besitzstandwahrung. Von „Klassenverrat" keine Spur mehr. In Österreichs „kritischen Intellektuellen" hat die verbürgerlichte Sozialdemokratie Menschen, auf die sie bauen kann. Den „kritischen Intellektuellen" Österreichs ist die eigene Beteiligung an Privilegien meist dringlicher als deren Abschaffung. Wer sich aber der Macht andient, ihre Hand nicht mehr zu beißen wagt, weil er sich von ihr füttern lässt, mag alles Mögliche sein, bloß nicht „kritischer Intellektueller".

Was die „kritischen Intellektuellen" im Bannkreis Schröders mit ihren Gegnern im schwarz-blauen Lager verbindet, ist die Tatsache, dass sie die Parteibuchwirtschaft, die Österreich lähmt, niemals in Frage gestellt haben. Die Gelackmeierten waren und blieben die Parteilosen. Da kann es schon passieren, dass eine liberale Journalistin, selbst keiner Partei angehörend, schadenfroh resigniert: Jetzt sind wenigstens einmal andere dran. Das ist wohl kurzsichtig. Denn die radikalen Einschnitte der FPÖVP-Regierung im sozialen Bereich und auf vielen Gebieten, die insbesondere Künstler und Wissenschaftler betreffen, bekommen alle zu spüren. Die Kulturpolitik des roten Wittmann – hat man das bereits vergessen? – war schlimm genug. Die des schwarzen Morak ist schlimmer. Aber sie macht die Sozialdemokraten nicht im Nachhinein zu Heroen kritisch-intellektueller, gar antibürgerlicher Prioritäten. Haider war und bleibt eine politische Katastrophe. Aber ob ein Empfang für Gerhard Schröder, ob die ewige Rede vom „kleineren Übel" das geeignete Gegenmittel ist, zumal für „kritische Intellektuelle", sei dahingestellt.

Übrigens: wann haben diese „kritischen Intellektuellen" zuletzt Gewerkschaftler und Betriebsräte zu sich eingeladen, um deren Sorgen mit der schwarz-blauen Regierung zu besprechen?

Diese „kritischen Intellektuellen" haben folgerichtig kein Problem, sich bei der Buchmesse von Franz Morak, dem Kulturstaatssekretär des politischen Gegners, einladen zu lassen. Ohne Not und gratis liefern sie ihm die literarische Legitimation, die seine Regierung so dringend benötigt. Haben sie doch erkannt, dass der Unterschied zwischen Schröders Sozialdemokratie und Moraks FPÖVP-Herren in Wahrheit so groß nicht ist? Ist ihre Eitelkeit so maßlos, dass sie überall dabei sein müssen und ihre Einladung an Schröder sich dadurch im Nachhinein als Partygag entlarvt? Oder sind sie so billig, dass sie sich für ein paar belegte Brötchen ihren angeblich kritischen Verstand abkaufen lassen? Da lobe ich mir doch die Nutten, die wenigstens eine ordentliche Bezahlung verlangen, wenn sie mit einem Regierungspolitiker ins Bett gehen.

So oder so: vergangen sind die Zeiten, da Künstler anarchistisch gegen den Staat rebellierten und den Bourgeois vor den Kopf stoßen wollten. Stattdessen sonnen sie sich heute im spärlichen Licht der Bürgerpolitiker, ob diese nun Klima heißen, Schröder oder Morak. Kein Thyl Ulenspiegel unter ihnen und kein Ljutov, nur lauter zahnlose Schippels mit gebrochenem Rückgrat.

Schulterschluss oder nicht? Lange war sich die österreichische Sozialdemokratie nicht einig, ob sie angesichts der verbalen Angriffe aus dem feindlichen Ausland der schwarz-blauen Koalition ein Bravheitszeugnis ausstellen – also, Europa hin oder her, national handeln – oder ob sie sich doch dazu entschließen sollte, den Feind im Inland zu orten. Ist ja auch nicht ganz leicht, da doch die eine Hälfte dieses Doppelgeiers eben erst Partner gewesen war. Wer soll schon glauben, dass sich der Fremdgänger Schüssel beim Wechsel des Ehebetts vom zuverlässigen Demokraten zum Pfui-Europagegner gewandelt habe? Ohnedies galt die Sorge der in die Opposition verbannten Politiker vorwiegend dem Ruf Österreichs im Ausland, wo bekanntlich die Touristen herkommen (oder eben nicht mehr herkommen), sowie der Stellung Österreichs in der Europäischen Gemeinschaft. Ein bisschen fremdenfeindliches Gedankengut, ein bisschen Kulturrevolution von oben, ein bisschen Abbau vom Sozialstaat ist zu verkraften, ja durchaus im Sinne einer nicht unbeachtlichen Fraktion innerhalb der SPÖ. Selbst das Bekenntnis zur EU lässt sich nicht blindlings als linke Position in Anspruch nehmen. Einerseits war es die ÖVP, die zunächst in diese Richtung drängte. Und andererseits muss man sich erinnern, dass führende Politiker der SPÖ noch 1938 für den Anschluss Österreichs an das Deutsche Reich stimmten. Keine historische Parallele, aber ein Beleg, dass die SPÖ nicht unbedingt Garant für die originär linken, die sozialen und die antifaschistischen Prioritäten sein kann.

Ex-Bundeskanzler Viktor Klima beeilte sich, gleich nach der Wahl, die Haiders FPÖ zur zweitstärksten Partei machte, der Welt zu versichern, die FPÖ-Wähler würden nicht so denken wie Haider. Das lässt nur drei Möglichkeiten zu: Entweder hat Klima Unrecht; oder die österreichischen Wähler sind so blöd, dass sie nicht wissen, wen sie wählen; oder die vorausgegangene Regierung, also die Koalition von SPÖ und ÖVP, hat solchen Mist gebaut, dass 27 Prozent der Wähler jede Alternative lieber war als eben SPÖ und ÖVP. Vieles spricht für die dritte Option. Das heißt aber noch nicht, dass Haiders Wähler weniger reaktionär wären als Haider. Alle Umfragen, die nicht auf Personen und Parteien, sondern auf Ansichten und Überzeugungen zielen, legen vielmehr nahe, dass das Denken Haiders bis weit in die Kreise der SPÖ-Wähler hinein geteilt wird. Es war der sozialdemokratische Wiener Bürgermeister, der lange vor Haiders Sieg verkündete, Ausländer kämen ihm nicht in den Gemeindebau, das würden „seine Wähler“ nicht verstehen.[22]

Wie verlogen und zugleich beschränkt staatsmännische Vernunft ist, wird offensichtlich, wenn derselbe Klima, der Haiders Wählern Haiders Ansichten nicht zutrauen mag, Haider einen Populisten nennt. Ein Populist zeichnet sich gerade dadurch aus, dass er sich dem Volk anbiedert, dass er sagt, was seine Klientel hören will, dass er deren Meinungen vorwegnimmt. Wer wagte tatsächlich eine Prognose darüber, wie viele Österreicher mit Haider der Ansicht sind, dass im Dritten Reich eine „ordentliche Beschäftigungspolitik" gemacht wurde?

Der sozialdemokratische Wiener Bürgermeister Theodor Körner versicherte bereits 1947, dass der Wiener „von vornherein kein Antisemit" sei, dass ihm „antisemitische Tendenzen auch jetzt [1947] vollkommen fremd" seien, nicht ohne anzudeuten, wer dafür verantwortlich ist, wenn der Wiener zwischendurch vielleicht doch Antisemit war, nämlich „die Urheber solcher unwahrer Erzählungen, die als ärgste Brunnenvergiftung bezeichnet werden können und geradezu an Rufmord an der Heimat grenzen", und hinzuzufügen, diese Brunnenvergifter seien „uns [für wen steht der Plural?] bekannt".

In der Dokumentation von Robert Knight[23], die, gäbe es auch nur Ansätze zu einem schlechten Gewissen und zu einem antifaschistisch-demokratischen politischen Willen, heftigste öffentliche Diskussionen und eine Revision der Geschichtsbücher in den Schulen und außerhalb hätte auslösen müssen, kann man nachlesen, dass der Vorläufer des Außenministeriums, die Staatskanzlei, Auswärtige Angelegenheiten, 1945 (!) zu Papier brachte, die Juden seien wohl „allzu leicht geneigt", den erlittenen Schaden zu „überschätzen".[24] Man solle aber die Juden bei der Entschädigung ihrer „verfolgten Glaubensgenossen" nicht „durch allzu große Kleinlichkeit verstimmen".[25] Also doch Einsicht? Doch ein Bewusstsein von Schuld? Keineswegs, bloß kühle Berechnung: „Auch sind besonders englische und amerikanische Juden im Spenden häufig sehr freigebig. Es wäre zumindest unklug, ihre allfällige Bereitwilligkeit zu einem Beitrag für den Wiederaufbau von Österreich dadurch ungünstig zu beeinflussen, daß man die jüdischen Entschädigungsansprüche nicht entsprechend behandelt."[26] Will sagen: Unterm Strich bringt der Verzicht auf „allzu große Kleinlichkeit" mehr ein, als er kostet. So hat sich der Holocaust für Österreich, genau betrachtet, ausgezahlt. Eine Anerkennung der Verdienste Eichmanns oder Alois Brunners wäre doch in Erwägung zu ziehen. Und die Juden, ob sie nun den Wiederaufbau Österreichs mitfinanziert haben oder nicht, sollen jetzt gefälligst das Maul halten. „Rufmord an der Heimat" wird nicht geduldet. Rufmord begeht, wer daran erinnert, dass der folgende Satz nicht etwa aus dem Jahr 1999 und von Jörg Haider, sondern aus dem Jahr 1946 und vom Sozialdemokraten Karl Renner stammt, der noch 1938 für den Anschluss Österreichs an Deutschland votiert hatte und dafür 1945 österreichischer Bundespräsident wurde und nach dem die SPÖ bis heute ihr Bildungsinstitut benennt: „Sicherlich würden wir es nicht zulassen, daß eine neue jüdische Gemeinde aus Osteuropa hierher käme und sich hier etablierte, während unsere eigenen Leute Arbeit brauchen."[27]

Im April 2000 erklärte der SPÖ-Parteichef Alfred Gusenbauer:

„Wahr ist auch, daß der Elan zur Entnazifizierung von Gesellschaft und Politik sichtbar schwächer wurde, als die ehemaligen Nationalsozialisten bei den Nationalratswahlen ab 1949 wieder wahlberechtigt waren und ein Wettlauf zwischen den demokratischen Parteien um Wähler und Wählergunst einsetzte. Auch die Strafverfolgung von NS-Tätern wurde zumindest ab den 50er Jahren aus den verschiedensten Gründen immer lückenhafter und mit immer weniger Nachdruck geführt. Es sollte nicht geleugnet werden, daß dies zum Teil auch auf Kameraderie, Opportunismus und mangelndes Unrechtsbewußtsein zurückzuführen war.

[...]

Ein weiteres sensibles Thema ist anzuschneiden, nämlich die Tatsache, daß viele Österreicherinnen und Österreicher, die dem Holocaust nur durch die Emigration entrinnen konnten, nach 1945 nicht in adäquater und angemessener Weise zur Rückkehr nach Österreich eingeladen wurden. Viele der aus Österreich Vertriebenen mußten daher das Gefühl haben, daß ihre alte Heimat an ihrem weiteren Schicksal nicht interessiert ist und daß ihre Vertreibung als eine nicht korrekturbedürftige Tatsache hingenommen wurde. Selbst Bruno Kreisky ist erst 1951 nach Österreich zurückgekehrt. Und es gibt auch einzelne Fälle – in diesem Zusammenhang muß z.B. Otto Leichter erwähnt werden –, wo Emigranten, die nach Österreich zurückgekehrt waren, eine Umgebung vorfanden, die sie veranlaßte, in ihre 'zweite Heimat' zurückzukehren."

Solche Lippenbekenntnisse sind das Papier nicht wert, auf dem sie festgehalten werden, wenn sie nicht praktische Konsequenzen haben im gegenwärtigen Umgang mit den (zumindest: auch) von der Sozialdemokratie ein zweites Mal diskriminierten Opfern und den von ihnen ein zweites Mal umworbenen Profiteuren des Nationalsozialismus. Was, außer die Rücksicht auf ihre antisemitischen Wähler, hindert die Sozialdemokratie, gegenüber den Juden jenes Modell des Ausgleichs für historisches Unrecht anzuwenden, das der Frauenförderung, inklusive Quotenregelungen, zugrunde liegt?[28]

Nein, Haider ist nicht die Ursache, er ist Ergebnis und Symptom. So betrachtet wäre der Schulterschluss die ehrlichere Variante gewesen – der Schulterschluss zwischen der FPÖ, der SPÖ, die den Aufstieg der FPÖ ermöglicht, wenn nicht durch zahlreiche Affären erst verursacht hat, und der ÖVP, die ohnedies bewiesen hat, dass sie es, wie jede gute Hure, mit jedem kann. Ehrlich wäre freilich auch das Eingeständnis, dass Sanktionen gegen Österreich durchaus nicht in erster Linie Unschuldige treffen.[29] Wer so denkt wie Haider und Häupl und ihre Wähler, wie die Staatskanzlei von 1945 und ein SP-Abgeordneter namens Arbeiter von 1999, sollte erhobenen Hauptes die Folgen tragen.

Wer die Milchmädchenrechnung aufmacht, dass die 73% der Österreicher, die Haider nicht gewählt haben, deshalb auch gegen Fremdenfeindlichkeit und frei von halbfaschistischen Haltungen seien, sollte sich einmal an den Stammtischen umhören. Und wer sich nun darüber freut, dass die neue Regierung zu einer Politisierung der Gegner geführt hat, die sich unter anderem in den wöchentlichen Demonstrationen geäußert hat, verfällt einer verhängnisvollen optischen Täuschung. Denn die Macht geht nicht von der Straße aus. Wien ist nicht Leipzig und die jungen Leute, die da skandierten „El pueblo – unido – jamas sera vencido", sind zwar sympathisch, aber sie übersehen in ihrer Euphorie, dass dieses pueblo unido, anders als in Chile 1973, zu einem nicht unbeträchtlichen Teil die Sieger der letzten Wahlen unterstützt.

Als im deutschen Bundestag vier Abgeordnete von Bündnis 90/Die Grünen sich durch Los dazu bestimmen ließen, dem sozialdemokratischen Bundeskanzler das Vertrauen auszusprechen und zugleich für den Einsatz deutscher Bundeswehrangehöriger im Afghanistankrieg zu stimmen, den sie am Tag zuvor ausdrücklich abgelehnt hatten, löste das in der Öffentlichkeit Erstaunen und bei der Parteibasis, je nach Temperament, Enttäuschung oder Empörung aus. Wenn diese Abgeordneten denn nicht bloß an ihren Sitzen und den damit verbundenen Privilegien festklebten, dann bedeutete die „Güterabwägung", die ihnen die erpresserische Verknüpfung von Vertrauensfrage und Bestätigung der „uneingeschränkten Solidarität" mit den USA aufnötigte, im Klartext: Die vage Hoffnung, im verbliebenen Jahr der Regierungskoalition einige grüne Ziele, verwässert wie fast alles, was sie sich vor den Wahlen vorgenommen und ihren Wählern versprochen hatten, durchzusetzen, ist einen Krieg, ist die Tötung von afghanischen Zivilisten wert. Denn anders als die echten Befürworter von Gerhard Schröders Option waren zumindest diese vier Grünen von der Notwendigkeit und der Richtigkeit eines Militärschlags keineswegs überzeugt. Sie nahmen ihn und seine Opfer, wie man so verräterisch sagt, „in Kauf" für den Verbleib ihrer Partei an der Macht. Nicht mehr und nicht weniger.

Wenn in Österreich ein sozialdemokratischer Spitzenpolitiker sich vollmundig gegen militärische Einsätze in Afghanistan ausspricht und weiterhin in einer Partei bleibt, deren Vorsitzender das Gegenteil bekundet, wundert das niemanden, weil man hierzulande von Politikern gar nichts anderes erwartet als skrupellosen Karrierismus, Verlogenheit und Korrumpierbarkeit, weil es auch heute in Österreich niemanden anficht, wenn ein sozialdemokratischer Spitzenpolitiker an einem Tag in Mauthausen oder beim Staatsbesuch in Israel das Fehlen des „jüdischen Elements" beklagt und am nächsten Tag seinen Beitrag zu einem judenfreien Österreich leistet. Dass man einen Sektor der potenziellen Wähler mit einer abweichenden Meinung ködert und zugleich partizipiert an einer Macht, die sich der entgegengesetzten Meinung verdankt, gilt in Österreich als Normalfall. Glaubwürdigkeit ist hier nur eine Lachnummer, benötigt allenfalls als Worthülse in Parteitagsreden und Wahlbroschüren, die nichts sosehr vermissen lassen wie eben dies: Glaubwürdigkeit. Welcher SPÖ-Politiker würde, wie die eben verstorbene, in vieler Hinsicht bewunderungswürdige Regine Hildebrandt in Brandenburg, ein angebotenes Ministeramt ablehnen, wenn und weil die SPÖ mit der ÖVP koaliert? Wir bitten um verbindliche Wortmeldungen. Im Gegensatz zum Vorsitzenden einer Arbeiterpartei, die sich einst dem Atheismus verpflichtet fühlte, im Gegensatz zu einem Gusenbauer, der sich mit einem Bekenntnis zu den christlichen Werten an die Partei des FPÖ-Koalitionärs Schüssel anbiedert, hegte die der evangelischen Kirche eng verbundene Hildebrandt heftige Zweifel daran, dass die christlichen Werte bei den Christdemokraten gut aufgehoben seien. Vor der vorgezogenen Nationalratswahl im November 2002 hatte auch der SPÖ-Vorsitzende Gusenbauer erklärt, die Partei würde in die Opposition gehen, wenn sie nicht mehr Stimmen bekäme als jede andere Partei. Kaum reichte es bei der SPÖ zur zweitstärksten Fraktion, drängelte sich Gusenbauer als Verhandlungspartner beim Bundeskanzler, nicht ohne die einschüchternde Drohung freilich, seine Partei werde sich von der ÖVP nur über den Tisch ziehen lassen, wenn der FPÖ-Finanzminister Grasser mit einem ÖVP-Ticket führe.

Die Sozialdemokratie hat nur noch ein Ziel: die Macht. Von „essentials" keine Spur. Und wenn's drauf ankommt, sind ihr die Rechten allemal am nächsten. Ein Beispiel für viele: In Stuttgart hat – und da gibt es kein Wenn und Aber – ein Sozialdemokrat dem CDU-Kandidaten für das Oberbürgermeister-Amt den Steigbügel gehalten. In Stuttgart hat ein SPD-Funktionär mit der Rückendeckung seiner Partei unmissverständlich demonstriert, dass sein Herz im Zweifel für die CDU schlägt.[30]

Beim ersten Wahlgang zur Direktwahl des Oberbürgermeisters lag der CDU-Kandidat Wolfgang Schuster rund fünf Prozent vor Rezzo Schlauch, dem Kandidaten der Grünen. Rainer Brechtken von der SPD figurierte rund sieben Prozent dahinter. Obwohl – oder gerade weil – sich nun der Pforzheimer Oberbürgermeister Joachim Becker, ebenfalls SPD, für den zweiten Wahlgang zum Rennen meldete, obwohl dafür nicht weniger als 39 Kandidaten antraten, war klar, dass es de facto auf ein Stechen zwischen Schuster und Schlauch hinauslaufen würde. Statt nun das Einzige zu tun, was ein politisch denkender Mensch, der ein CDU-Stadtoberhaupt verhindern will, tun kann, nämlich die eigenen Anhänger zur Wahl des Grünen aufzurufen, beharrte Brechtken auf seiner Kandidatur. Dass er nicht die geringste Aussicht hatte, die Wahl mit relativer Stimmenmehrheit zu gewinnen, war absolut klar. Wenn Brechtken also drei Wochen lang beteuerte, er habe noch eine reale Chance, ist er entweder unsäglich dumm, naiv oder er wollte die sozialdemokratischen Stammwähler bewusst täuschen. In allen drei Fällen ist er für die Politik ungeeignet. Tatsächlich erhielten er und sein Parteifreundfeind Becker zusammen knapp 17 Prozent der Stimmen, also weit weniger, als Brechtken bei der ersten Runde noch erringen konnte. Er hat somit nicht nur ein immerhin auch für parteiferne Wähler interessantes Modell eines grünen Großstadt-OBs blockiert, das an lediglich vier Prozentpunkten scheiterte (wie sich Rezzo Schlauch seither entwickelt hat, war damals nicht vorauszusehen), sondern auch sich, wenn es denn eine Persönlichkeitswahl war, und auf jeden Fall die Sozialdemokratie unsterblich blamiert, die als Partei absackte und keine attraktiveren „Persönlichkeiten" anzubieten hat. Zur Ehre seiner Parteigenossen sei festgehalten, dass wenigstens einige von ihnen zur Wahl Schlauchs aufriefen.

Die CDU und ihr Schuster tingelten mit dem Zauberwort „Stuttgart 21" wie eine Jahrmarktswahrsagerin mit ihrer Bleikristallkugel. Befragt, ob er der extrem industriehörigen Politik der CDU nicht eine antikapitalistische Alternative entgegenhalten wolle, reagierte der Sozialdemokrat Brechtken im Wahlkampf wie auf ein obszönes Angebot. Es hat den Anschein, als wartete die Sozialdemokratie geradezu auf einen deutschen Haider, der ihr wie in Österreich die Arbeiter-Wähler wegschnappt. Die Stuttgarter jedenfalls haben begriffen: So rot wie die Roten sind die Grünen noch lang. Aber Schuster, der am Tag nach der Wahl verkündete, die „Intoleranz der Linken" habe ihn zur Politik gebracht, weiß, was er an Brechtken hat. Er „habe mit ihm weitere [sic!] gute Zusammenarbeit vereinbart". Man dankt.

Und wiederum hatte es Alfred Gusenbauer eilig, nachzuweisen, dass die SPÖ auch bezüglich des Opportunismus beim Schwanken zwischen Schwarz und Grün mit einem

Brechtken mithalten kann. Dass die SPÖ im Wahlkampf von 2002 in Wahrheit eine große Koalition mit der ÖVP im Auge hatte, zumindest nicht mit allen Mitteln verhindern wollte, geht schon aus der Tatsache hervor, dass Gusenbauer nichts Wichtigeres zu tun hatte als eine Wahlrechtsreform vorzuschlagen, die den einzigen möglichen Koalitionspartner jenseits von ÖVP und FPÖ, die Grünen nämlich, höchstwahrscheinlich aus dem Parlament katapultiert hätte. Den Verdacht, dass er eine große Koalition anstrebe, hat Gusenbauer mit seiner überraschenden Ankündigung, die SPÖ werde sich in die Opposition zurückziehen, wenn sie nicht als stärkste Fraktion aus den Wahlen hervorgehe, eher bekräftigt als dementiert. Abgesehen davon, dass diese zumindest undiplomatische Äußerung fatal an Wolfgang Schüssels Jahrhundertlüge erinnert, bedeutete sie, dass der farblose Spitzenpolitiker einer profillosen Partei eine rot-grüne Koalition der Zweit- und Drittstärksten, wenn sie denn eine Mehrheit ergeben hätte, von vornherein ausschloss, während die ÖVP noch als drittstärkste Partei bereit war, mit der zweitstärksten zu koalieren. Allein dieser politische Unverstand disqualifiziert den Parteiführer der SPÖ.

Als die SPD in Berlin – nolens volens, nachdem die Koalitionsverhandlungen mit Bündnisgrünen und FDP gescheitert waren, eine Koalition mit der CDU gerade in die Brüche gegangen und die Macht nur mit einem Partner zu halten war – mit der PDS eine Koalition einging, musste die Präambel den Satz enthalten, dass die SED (!) für „die Verfolgung von Sozialdemokratinnen und Sozialdemokraten und anderen Teilen der demokratischen Opposition, für deren Inhaftierung unter menschenunwürdigen Bedingungen bis hin zum Tod und für die Hinrichtungen Andersdenkender" eine „bleibende Schuld" trage. Wie kommt es, dass die SPÖ von ihrem Koalitionspartner ÖVP niemals solch eine Präambel verlangt hat? Ist die ÖVP weniger Nachfolgerin der

Austrofaschisten, als die PDS Nachfolgerin der SED ist? Oder liegt es vielmehr daran, dass die Konservativen den Sozialdemokraten näher stehen als Sozialisten und jenen daher alles verziehen wird? Katholiken werden ja bekanntlich jede „bleibende Schuld“ bei der Beichte los. Diese Möglichkeit haben sich Gysi und Genossen vermasselt.

Stichwort Kultur: Entwicklungen haben ihre Eigendynamik. Wo man erst das Argument erlaubt, Kultur ließe sich auch privatwirtschaftlich schaffen, bestätigt man einen Kulturbegriff, der in ökonomisch schwierigen Zeiten das, was bislang als unabdinglich für Kultur galt, zur Disposition stellt. Eine „moderne“ Sozialdemokratie vollendet nur mit dem Eifer des Musterschülers, was Konservative einst noch eher verschämt in die Wege geleitet haben.

Die aktuellen Offensiven, die demokratischen Bildungsreformansätze der 1960er und 1970er Jahre zurückzunehmen und Eliten zu fördern, und die Vorschläge, die Kultur dem Markt und damit nur scheinbar demokratischen plebiszitären Entscheidungen zu überlassen, sind zwei Seiten einer Medaille. Was sie äußerlich verbindet, ist der antistaatliche Affekt zu Gunsten der Privatisierung von bislang öffentlichen Zuständigkeiten. Dahinter steckt aber mehr. Indem die Bourgeoisie beteuert, das „einfache Volk“ wolle nun einmal eine Populärkultur, die sie selbst verachtet, bewahrt sie sich den exklusiven Zugang zu den verbliebenen Resten der Hochkultur, wie sie Eliteschulen für sich beansprucht, die wiederum die Voraussetzungen schaffen für den Genuss der Hochkultur. Nichts ist ihr ekelhafter als die Vorstellung einer Neckermannisierung ihrer Kulturghettos. Den Fehler, den sie im Tourismus gemacht hat, wird sie auf dem Gebiet der Kultur nicht wiederholen. Deshalb plädiert sie, ohne es so zu nennen, für eine Klassentrennung der Kultur, beruft sie sich auf den Status quo, statt jene, die seit Generationen benachteiligt waren, durch bessere Bildungsmöglichkeiten zu befähigen, Zugang zu finden zu jener Kultur, deren Wert sie sehr genau kennt, weil sie ihr Leben alltäglich bereichert. Die Progressivität jeder sozialen Bewegung wird daran zu messen sein, ob sie im Sinne der Egalität für den Zugang aller zu den Privilegien (die dann keine mehr sind), also auch zu Bildung und Kultur kämpft, oder ob sie nur für sich einen Anteil an diesen Privilegien fordert, die Klassentrennung aber nicht in Frage stellt. Im Augenblick ist eine signifikante progressive soziale Bewegung in diesem Sinne in Europa kaum wahrzunehmen.

So hat auch Österreich noch unter sozialdemokratischer Federführung das Bakkalaureat als Studienabschluss eingeführt. Dient das wirklich jenen, als deren Advokat sich die Sozialdemokratie einst aufspielte, den sozial Schwachen, den Kindern von Nichtakademikern, den Unterprivilegierten? Die Einführung des Bakkalaureats (des englischen Bachelor) bei gleichzeitiger Zulassung von Privatuniversitäten bedeutet nichts anderes als die Verstärkung des Zweiklassensystems in der Bildung: ein rasches Discount-Studium für die Massen und eine bevorzugte Ausbildung für zahlungskräftige Eliten. Sie suggeriert der Öffentlichkeit, Bildung könne ohne Verlust in kürzerer Zeit (also billiger) als bisher vermittelt werden. Dabei sagt einem der gesunde Menschenverstand, dass der immer größer werdende Fundus von Erkenntnissen und Verfahren in sämtlichen Disziplinen zu seiner Erlernung nicht weniger, sondern mehr Zeit benötigt als früher. Die Anwendung von in der industriellen Produktion üblichen Wirtschaftlichkeitsüberlegungen erweist sich in der Ausbildung als inadäquat. Wer an der Bildung spart, schadet über kurz oder lang der Gesellschaft und der gesamten Bevölkerung. Wer möchte wirklich von einem schlecht ausgebildeten Arzt behandelt werden? Wer möchte seine Kinder zu einem Lehrer in die Schule schicken, der seinerseits unzureichend ausgebildet ist? Wie in der Kultur, so sollte Österreich auch im Bildungssystem an sozialen Errungenschaften festhalten, sie verteidigen, statt sie einer falsch verstandenen Europäisierung zu opfern. Das ist nicht europafeindlich, sondern menschenfreundlich. Und gerade wer verhindern möchte, dass Haider Argumente frei Haus geliefert bekommt, die er in seinem Sinne missbrauchen kann, sollte nicht leichtsinnig Werte preisgeben, die Österreich seiner Geschichte, also auch der Geschichte der Arbeiterbewegung und des Austromarxismus, verdankt. Die Dünkel, die Haider gegenüber Europa geschürt hat, haben mit dem, wofür hier plädiert wird, in Wahrheit nichts gemeinsam. Der Kulturabbau hat vielmehr unter der gegenwärtigen Regierung mit ihrem rigiden Sparbudget in beängstigendem Maßstab zugenommen. Das Wirtschaftsdenken der EU ist ihr, wie leider auch der Sozialdemokratie, weitaus vertrauter als konzeptionelles Denken in den Bereichen Kultur und Bildung. Wer da meint, damit ließe sich kein Staat machen, dem ist mit Nachdruck zu entgegnen: Der österreichische Staat – und das mag ihn von den anderen Staaten unterscheiden – ist gerade damit zu machen. Gegen die Global Players hat Österreichs Wirtschaft über kurz oder lang keine reelle Chance. Aber in Kunst und Wissenschaft könnte dieses kleine Land, wenn es nur wollte, den anderen demonstrieren, wie eine Politik aussieht, die mehr will als materiellen Wohlstand. Die Namen der Dichter, Komponisten, Maler, Philosophen, die um die vorletzte Jahrhundertwende in Österreich wirkten und deren Werke und Erkenntnisse in die ganze Welt ausstrahlten, die Namen Schnitzler oder Schönberg oder Klimt oder Wittgenstein oder Freud werden heute noch mit Hochachtung ausgesprochen. Wer kennt die Namen der Firmengründer, die Bewohner der Ringstraßenpalais aus jener Zeit? Österreich hat eine Tradition, an die es anschließen sollte. Auch und gerade, wenn es nach vorne blickt.

Noch ein Beispiel: Es besteht kein Zweifel, dass Jörg Haider mit seiner Kampagne gegen das Atomkraftwerk in Temelín antislawische Vorurteile anzusprechen versuchte. Aber diese Taktik hat nur Erfolg auf dem Hintergrund des Versagens von Haiders Gegnern. Woran liegt es, dass Haider, jedenfalls in diesem Punkt, vielen AKW-Gegnern als das „kleinere Übel" erscheinen muss? Warum hat die SPÖ in den vergangenen Jahren nicht mehr unternommen, um die Inbetriebnahme dieser Zeitbombe unweit der österreichischen Grenze zu verhindern? Wie will es die Sozialdemokratie ihren (früheren?) Wählern begreiflich machen, dass sie Verständnis dafür hat, wenn die USA ihre angeblich gefährdete Sicherheit in Afghanistan mit Bomben verteidigen, aber nicht mit allen (friedlichen!) Mitteln eintritt für die sehr aktuell gefährdete Sicherheit der eigenen Bevölkerung?

Fazit: Die Sozialdemokratie ist nicht das kleinere Übel. Sie ist, einst Kontrahentin der bürgerlichen Ideologie, zu deren Träger geworden; sie ist ein Übel unter anderen. Kein hinreichender Grund für Linke, sie zu wählen. Bei Schüssel oder Stoiber oder Merkel, bei Haider oder Schill weiß man ja, woran man ist. Insofern die Sozialdemokraten Illusionen erwecken, insofern sie den Widerstand der Gewerkschaften lähmen, sind sie sogar das größere Übel. Und wenn sie denn das kleinere Übel wären: Was nützt es, wo sie mit Korruptionsaffären und Lügen, mit sozialer Kälte und mangelndem Unrechtsbewusstsein den Rechtspopulisten in die Hände spielen? Als Le Pen unerwartet hohen Wählerzuspruch bekam, zog sich Jospin, der sich dafür mitverantwortlich fühlte, aus der Politik zurück. Er blieb, nach Oskar Lafontaine, eine Ausnahme. Die üblichen Funktionäre der Sozialdemokratie sitzen jedes Erdbeben aus und hoffen auf den Wähler, der sie allen Erfahrungen zum Trotz für das kleinere Übel hält.

*

Die Neubekehrten werfen gerne jenen mangelnde Lernfähigkeit vor, die mit dem Eingeständnis von Irrtümern und Fehlern, mit der Anerkennung dessen, was sich an Bürgerlichem zu bewahren, ja oft vor den Bürgern selbst, die die ethischen und sozialen Werte des Citoyen an das Prinzip der Profitmaximierung verraten haben, zu retten lohnt, sich nicht zugleich schnurstracks dem Bürgertum verkauft haben. Diese ermüdeten 68er seien daran erinnert, dass die Kritik am Groß- und Kleinbürger keine Erfindung der Studentenrevolte ist. Durchforstet man nur die Dramatik des ersten Drittels des 20. Jahrhunderts unter diesem Aspekt, entdeckt man Bürger, die sich bei Gorkij auszeichnen durch Mitgiftjägerei, Geiz, Antisemitismus, Pedanterie und Doppelmoral, bei Sternheim durch Karrierismus und leere Umgangsformen, bei Brecht durch (selbst)zerstörerischen Anarchismus, bei Horváth durch wechselseitige Ausbeutung, Boshaftigkeit und Sadismus, bei Canetti durch eine inhumane Sexual- und Besitzgier und durch Lieblosigkeit.

Alle genannten Dramatiker prognostizierten in ihren Stücken eine Katastrophe: Gorkij im Auseinanderfallen der Familie, Sternheim in der Zerstörung der alten Ständeordnung, Brecht im gleichnishaften Zusammenbruch der Möbel bei der Kleinbürgerhochzeit, Horváth in der Vernichtung einzelner Frauen, Canetti im Zusammensturz des Hauses, in dem wiederum Hochzeit gefeiert wird. Die Katastrophe kam: in Gestalt des Faschismus und des Zweiten Weltkriegs. Die Bourgeoisie hat sie überlebt. Für sie hat der Hurrikan die Netzestadt Mahagonny wieder einmal verschont. Sie blüht und gedeiht. Unter dem Beifall einiger Angehöriger der 68er-Generation, die dazugehören möchten. „Die Segnungen voll und ganz – zu viel. *Leise und mit Glückseligkeit:* Du bist Bürger, Paul. *Er macht vor sich selbst eine ausladende Reverenz*“ (Carl Sternheim: *Bürger Schippel*).

Teil 2:
Gegenentwürfe

Die Bourgeoisie stellt, apologetisch oder kritisch betrachtet, in den Künsten des 19. und 20. Jahrhunderts ganz wesentlich das Personal. Auf die heroische Phase der Selbstdefinition des aufsteigenden Bürgertums in Abgrenzung zur Aristokratie, die sich im frühen bürgerlichen Roman, insbesondere Englands und Frankreichs, und im bürgerlichen Trauerspiel literarisch verfremdet spiegelt, folgt die – auch künstlerisch verarbeitete – Selbstfeier der ökonomisch und früher oder später politisch an die Macht gelangten Klasse sowie, als Reaktion darauf, die Kritik durch intellektuelle Renegaten und Häretiker. Der antibürgerliche Ekel konnte eine Anbiederung an die alte – immerhin oft weltoffenere und Außenseitern gegenüber tolerantere, vom kapitalistischen Profitdenken weniger geprägte – Aristokratie zur Konsequenz haben[31], bei der man freilich Gefahr lief, dem Typus des Sternheim'schen „Snobs" zu begegnen, der seinerseits vom Aufstieg träumte, oder eine Annäherung an die erstarkende Arbeiterklasse. Schon bald finden sich in den Künsten im Allgemeinen und in der Literatur im Besonderen Persönlichkeiten, die unterschiedliche Gegenfiguren zum Bourgeois entwerfen und so eine Entsprechung liefern zu den antibürgerlichen philosophischen und politischen Utopien, Modellen und Theorien etwa der Frühsozialisten, der Marxisten oder der Anarchisten. Diese Gegenentwürfe sind nichts weniger als einheitlich. Sie sind oft von zeit- und ortstypischen Bedingungen determiniert und unterscheiden sich untereinander wie die Gesellschaftsmodelle von, sagen wir, Fourier, Marx, Kropotkin und Plechanov. Gemeinsam ist ihnen bloß die explizite oder implizite Ablehnung einer Bourgeoisie, zu der sich die positiv gezeichneten Welten komplementär verhalten.

Charles de Coster: *Thyl Ulenspiegel*

In seinem 1867 erstveröffentlichten großen Roman *La Légende d'Ulenspiegel*, der gemeinhin selbst bei Belesenen in seiner Bedeutung für die Weltliteratur nicht hinreichend gewürdigt wird, griff der flandrische Schriftsteller Charles de Coster auf eine legendäre Figur des Mittelalters zurück, auf den Narren Till Eulenspiegel, der mit seinen Scherzen die geordnete frühbürgerliche Welt der Handwerker durcheinander bringt. Die Lust am Spott über engstirnige Ordnungsvorstellungen, auch der Gegensatz von Geist und Gewalt, eine Vorliebe fürs Derbe, insbesondere für die Schilderung von Körperfunktionen, und, in Ansätzen, die Rolle des Schelms als Aufklärer sind im Volksbuch vom Eulenspiegel bereits vorgeprägt. Den berühmten Ausspruch von Karl Marx, man müsse „diese versteinerten Verhältnisse dadurch zum Tanzen zwingen, daß man ihnen ihre eigne Melodie vorsingt"[32], setzt Eulenspiegel, der Redewendungen gerne beim Wort nimmt, lange vor Marx in Taten um. De Coster baut diese Vorgabe freilich zu einer differenzierten Figur aus, die er mit zahlreichen anderen Figuren umgibt, die erst in ihrem Zusammenspiel und in der von ihnen gebildeten Struktur den ästhetischen und den politischen Reiz des Romans konstituieren.

De Costers Roman spielt im Flandern des 16. Jahrhunderts. Sein Thyl Ulenspiegel ist Sohn des Kohlenträgers Claes und seiner Frau Soetkin. Sie besitzen ein Feld, das sie gemeinsam pflügen. Die Konstruktion des Romans nimmt die Parallelmontage des Films vorweg. De Coster stellt Thyl Ulenspiegel Philipp II. von Spanien gegenüber. Ausschweifende „Sequenzen" ohne die verbalen Überleitungen, die im Roman üblich waren, um die Gleichzeitigkeit zweier Handlungsstränge zu markieren, parallelisieren kontrastiv diese beiden Figuren im ersten, dem weitaus umfangreichsten von fünf Büchern, an dessen Ende Ulenspiegel von Geistern in die Welt geschickt wird, um seinen Vater Claes zu rächen, der auf dem Scheiterhaufen der Inquisition verbrannt wurde, und seine Mutter Soetkin, die „an den Folgen der Folterung und ihres Kummers“[33] starb. Ulenspiegel und Philipp sind die Personifikationen des Antagonismus, der den Roman insgesamt bestimmt. Die Rebellion richtet sich also, der historischen Zeit der Handlung entsprechend, gegen die Aristokratie, insbesondere gegen den spanischen Thron, und gegen die katholische Kirche. Der Träger dieser Rebellion aber, Thyl Ulenspiegel, der von seiner Umgebung mehrfach – einmal eher liebevoll, einmal eher feindselig – als Taugenichts gescholten wird, ist in seinem ganzen sozialen Verhalten kein Bürger, sondern ein Plebejer. Damit repräsentiert er jene Klasse, die zur Zeit des Entstehens des Romans längst zum Feind der Bourgeoisie geworden war, die die Aristokratie als herrschende Klasse abgelöst hatte. Im Plebejertum Ulenspiegels liegt die antibürgerliche Provokation von de Costers Roman.

Lange setzt Ulenspiegel im Unabhängigkeitskampf Flanderns auf den heimischen Adel. Allmählich gelangt er jedoch zu einer Einsicht, die den nationalistischen Ansatz durch einen Klassenstandpunkt ersetzt:

> „Komm, höre, Lamme“, sagte Ulenspiegel, „die Adligen in den Niederlanden haben aus Eifersucht gegen Oranien die Sache der Verbündeten verraten, die heilige Allianz, den wackern Kompromiß, der zum Wohl des Vaterlandes unterzeichnet worden ist. Egmont und Hoorn wurden ihrerseits zu Verrätern, und ohne Vorteil für sich. Brederode ist tot; es bleibt uns in diesem Krieg nur noch das arme Volk von Brabant und Flandern, das nur auf zuverlässige Führer wartet, um loszuschlagen [...]“ (430).

Ist Philipp II. die Gegenfigur, so ist Lamme Goedzak, ein anderer Sancho Pansa und Leporello, den de Coster Thyl

Ulenspiegel an die Seite stellt, die Variante zu Ulenspiegel. Steht Ulenspiegel für den plebejischen Geist, für Witz und Klugheit, auch für erotische Hochstapelei, so gibt Lamme Goedzak, der, wie sein Name verrät, „gutmütig und sanft ist wie ein Lamm" (19), die materialistische Ergänzung ab, den Hanswurst, dem es stets erst einmal ums Essen und Trinken geht und der unaufhörlich das Weib sucht, das ihn verlassen hat. Hinzu kommt Nele, das uneheliche Kind der „guten Hexe" Katheline, das Claes als das seine angenommen hat. Sie ist alsbald dem abenteuerlustigen Ulenspiegel zugetan wie Solvejg Peer Gynt. Nele ist dem Geliebten, der keiner weiblichen Verlockung aus dem Wege geht, treu, aber sie weiß auch, was ihn umtreibt: „Neles Herz ist nicht hier, sondern bei dem, der umherirrt, um das Vaterland zu befreien" (429).

Schon zu Beginn des Romans sagt die seherische Katheline in einer antik-biblischen Prophetie, die in eine umfassende Allegorie ausläuft, voraus, was bevorsteht:

> Zwei Kindlein sind geboren, eines in Spanien, das ist der Infant Philipp, und das andere im Lande Flandern, das ist der Sohn von Claes, späterhin Ulenspiegel genannt. Philipp wird zum Henker werden, denn er ist gezeugt von Karl dem Fünften, dem Mörder unserer Lande. Ulenspiegel wird dereinst ein großer Meister in fröhlichen Reden und Jugendnarrheiten, aber sein Herz ist gut, weil sein Vater Claes ist, der wackere Handwerksmann, der es versteht, sein tägliches Brot zu verdienen. [...] Ulenspiegel [...] wird Bauer sein, Edelmann, Maler, Bildhauer: alles miteinander. Und so wird er durch die Welt wandern, die guten und schönen Dinge lobend und aus voller Kehle über die Dummheit spottend. Claes ist dein Mut, edles Volk von Flandern, Soetkin ist deine wackere Mutter. Ulenspiegel ist dein Geist; ein artiges und liebreizendes Mägdlein, die Gefährtin Ulenspiegels und unsterblich wie er, wird dein Herz sein, und ein dicker Wanst, Lamme Goedzak, dein Magen. Und oben werden die Völkerfresser sein, unten die Opfer; oben die diebi-

schen Drohnen, unten die arbeitsamen Bienen, und im Himmel werden die Wundmale Christi bluten (22).

Es kommt, wie von Kathelin prophezeit. Chiastisch verknüpft de Coster die beiden Erzählstränge: „Während der nichtsnutzige Sohn des Kohlenträgers in fröhlichem Übermut heranwuchs, siechte in magerem Trübsinn der traurige Sproß des erhabenen Kaisers dahin“ (50). Jedes Glied dieses Satzes trägt markante Bedeutung. Ulenspiegel und Philipp werden als die Söhne ihrer Väter eingeführt, die wiederum nicht mit ihrem Eigennamen, sondern mit ihrem Beruf benannt sind. Nicht Claes und Karl, sondern der arbeitende Mensch und die „erhabene“ Funktion im Staat stehen einander gegenüber, Angehörige der beiden am weitesten auseinander liegenden Klassen. Wird Ulenspiegel mit dem Wort „Sohn“ ein Verwandtschaftsbegriff zugeordnet, der nur auf Menschen zutrifft, so wird Philipp mit dem Wort „Sproß“ zur Pflanze entmenschlicht. „Nichtsnutzig“ ist Ulenspiegel wegen der Streiche, von denen die vorausgehenden Kapitel berichten und deren Tendenz das negative Verständnis des Adjektivs relativiert.[34] Warum Philipp „traurig“ ist, wird der Leser erst später erfahren, aber als Gegenbegriff zum Attribut „nichtsnutzig“ verleiht es diesem eine zusätzliche positive Konnotation. Während Ulenspiegel „heranwächst“, also an Lebenskraft gewinnt, „siecht“ Philipp dahin, verliert also an Lebenskraft. Dem „fröhlichen Übermut“ Ulenspiegels, der noch einmal das „Nichtsnutzige“ ins Positive kehrt, entspricht der „magere Trübsinn“ Philipps, eine Geistesverfassung, deren metaphorische Attribuierung als „mager“ wieder mit dem Verb „siechen“ korrespondiert. Leitmotivisch wird von Ulenspiegel den Roman hindurch bezeugt, dass er selbst lacht und andere zum Lachen bringt, von Philipp hingegen, dass er niemals lacht. Es ist das Lachen, was den Menschen zum Menschen macht.

Wenn Philipp einen kleinen Affen mit glühenden Reisigbündeln quält und der Erzbischof ihm eine Zukunft als „großer Ketzerverbrenner" (62) voraussagt, dann bringt Ulenspiegel gleich darauf einen verletzten Hund nach Hause, um ihn gesund zu pflegen. Als hätte Charles de Coster Sigmund Freud vorausgeahnt, beschreibt er das sexuelle Erwachen Philipps in einem der eindrucksvollsten Kapitel des Romans als Pervertierung zum Sadismus.

> Da er fühlte, daß er keine Liebe zu den andern hatte, wagte der arme Duckmäuser nicht, sich den Damen anzubieten. Er ging in einen abgelegenen Winkel, in eine kleine, mit Kalk getünchte Kammer, die durch schmale Fenster erhellt wurde, wo er gewöhnlich sein Zuckerzeug knabberte und wo die Fliegen in Scharen hinkamen wegen der Krumen. Dort liebkoste er sich selbst und zerdrückte den Fliegen dazu langsam die Köpfe an den Scheiben und tötete sie zu Hunderten, bis seine Finger allzu stark zitterten, als daß er hätte sein blutiges Werk weiterführen können. Er fand ein häßliches, niedriges Vergnügen an diesem grausamen Spaß, denn Geilheit und Grausamkeit sind zwei schandbare Schwestern. Er verließ diese Kammer trauriger denn zuvor, und Männer wie Frauen flohen, wenn sie es konnten, vor dem Antlitz dieses Prinzen, der bleich war, als ob er sich vom Eiter der Wunden genährt hätte (69).

Spätestens hier ist alles verschwunden, was Philipp als typischen Repräsentanten allein der Aristokratie ausweisen könnte. Der heutige Leser wird vielmehr an jene Angehörigen des Bürgertums denken müssen, die in Folterkammern und Konzentrationslagern Vergnügen daran fanden, anderen Grausamkeiten zuzufügen.

Viele Jahre sind Thyl Ulenspiegel und Lamme Goedzak unterwegs. Mehrfach ist Ulenspiegel dem gewaltsamen Tod nahe, aber er darf nicht sterben, denn die Logik des pikaresken Romans verlangt ihm immer neue Abenteuer ab, in potenziell endloser Reihe. Ein Zielpunkt ist nur durch die Historie vorgegeben, die dem Roman räumlich und zeitlich als Hintergrund dient, durch das Schicksal Belgiens und der Niederlande im 16. Jahrhundert. Am Ende läuft der Roman vollends in eine patriotische Apotheose aus. Ulenspiegel und Nele als Allegorien des Geistes und des Herzens Flanderns sorgen für Unsterblichkeit und damit für einen versöhnlichen Schluss. Doch das kann nicht vergessen machen, was vorausging: eine pralle, balladesk stilisierte und zugleich von saftigem Leben und einer Fülle farbiger Charaktere strotzende Geschichte, deren Held bis hin zum Schlussbild mehr Rebell und Bürgerschreck ist als die Personifikation einer abstrakten Idee.

Isaak Babel: *Die Reiterarmee*

Ljutov, der Erzähler von Isaak Babels *Reiterarmee*-Geschichten, die zwischen 1923 und 1925 in verschiedenen Zeitungen und Zeitschriften und 1926 erstmals als Zyklus in Buchform veröffentlicht wurden, ist ein jüdischer Intellektueller aus Odessa, der als Korrespondent den Polenfeldzug der Roten Armee im Jahr 1920 miterlebt. Die Geschichten gehen auf reale Erfahrungen zurück, die Babel als Teilnehmer dieses Feldzugs gemacht hatte.[35] Babel freilich verarbeitete seine Aufzeichnungen zu einer Kunstprosa, die in ihrer Dichte und in ihrer Bildhaftigkeit in der europäischen Literatur des 20. Jahrhunderts kaum ihresgleichen hat. *Die Reiterarmee* ist der literarisch wohl überzeugendste Versuch, eine zentrale Problematik des vergangenen Jahrhunderts zu formulieren: die Problematik des Intellektuellen, den Einsicht auf die Seite der Revolution stellt und dem es nicht gelingt, sich mit der Gewalt abzufinden, die Revolutionen mit sich bringen. Seiner Herkunft nach ist Ljutov – wie sein Autor Babel – Bürger. Als Revolutionär bekämpft er die Bourgeoisie. In welche Konflikte ihn diese Situation stürzt, wird aus mehreren Geschichten des *Reiterarmee*-Zyklus erkennbar.

Die Reiterarmee, der sich Ljutov anschließt, setzte sich zu einem großen Teil aus Kosaken zusammen, die, ursprünglich fast ausschließlich antibolschewistisch, zu den Roten übergelaufen waren. Unter diesen Kosaken war der Intellektuelle und Jude ein Exot. Die komplizierte Konstellation übersetzt die Geschichte *Meine erste Gans* in eine konzise, in ihrer Symbolik unüberbietbare, zugleich aber dem geschilderten historischen Umfeld genau entsprechende Handlung. Sie ist realistische Miniature und Parabel in einem. Dem Brillenträger Ljutov stehen die Kosaken in ihrer erotisch überhöhten Körperlichkeit gegenüber. Einige Jahre später, am 29. Februar 1928, schrieb Babel an Maksim

Gorkij: „Seit drei Jahren lebe ich unter Gebildeten – und langweile mich. So eine Langeweile kann giftig sein. Nur unter wilden Menschen lebe ich auf.“[36] Der Intellektuelle, der durch den Spott der Kosaken daran gehindert wird, Lenins Rede auf dem zweiten Kongress der Komintern zu lesen, kann sich in dieser Umgebung Achtung nur erwerben, indem er eine verzweifelte Bäuerin brutal anherrscht und einer Gans mit dem Stiefel den Kopf zerdrückt. „Die Kosaken begannen zu essen mit der verhaltenen Würde von Bauern, die sich gegenseitig achten, ich dagegen reinigte den Säbel mit Sand, ging vor das Tor, und kam, gepeinigt, wieder zurück.“[37] Jetzt lassen sich die Kosaken von dem Bebrillten die Leninrede vorlesen. „Ich las und frohlockte und erwischte, frohlockend, die geheimnisvolle Kurve der Leninschen Geraden“ (48). Im Traum aber sieht Ljutov Frauen, „und nur mein Herz, gerötet von einem Mord, knirschte und blutete“ (49).

In der Erzählung *Dolgušovs Tod* sagt ein Kosak zu Ljutov, der dem mit einem Bauchschuss am Wegrand sitzenden Dolgušov nicht den erbetenen Todesschuss zu geben vermag: „Mit uns habt ihr Mitleid, ihr Brillenträger, wie die Katz mit der Maus ...“ (65). Und *Nach dem Gefecht* endet mit dem Satz: „Ich war erschöpft und ging, gebückt unter der Totenkrone, weiter und erflehte vom Schicksal die einfachste aller Fähigkeiten – die Fähigkeit, einen Menschen zu töten“ (179).

Bereits der zweite Satz der ersten Kurzgeschichte des Zyklus verrät die Perspektive, das soziale Gewissen des Erzählers: „Der Stab rückte aus Krapivno ab, und unser Troß zog als polternde Nachhut über die Chaussee, die unverwelkliche Chaussee, die von Brest nach Warschau führt und die auf Bauernknochen gebaut wurde durch Nikolaus den Ersten“ (7). Ein Nebensatz weist, scheinbar beiläufig, auf den zaristischen Terror hin, gegen den sich die russische

Oktoberrevolution gerichtet hatte, in deren Folge der Erzähler nun mit seinem Tross in den russisch-polnischen Krieg zieht.

Inmitten der Schilderungen maßloser Grausamkeit befindet sich, wie ein idyllisches Versteck inmitten von Schlachtenlärm, die Geschichte von dem naiven Maler Pan Apolek, der den Heiligen, mit denen er die Kirchenwände schmückt, die Gesichter der Dorfbewohner verleiht.

> An einem Sonntag enthüllte er die ausgemalten Wände. Namhafte Bürger, vom Priester geladen, erkannten im Apostel Paulus Janek, den hinkebeinigen Konvertiten, und in Maria Magdalena das Judenmädchen Elka, Tochter unbekannter Eltern und Mutter vieler obdachloser Kinder. Die namhaften Bürger befahlen, die ketzerischen Darstellungen zu übertünchen. Der Priester überhäufte den Gotteslästerer mit Drohungen. Jedoch Apolek übertünchte die bemalten Wände nicht (27 f.).

Die Sympathie Ljutovs/Babels gehört unverkennbar diesem polnischen Eulenspiegel, dem die stereotyp als „namhaft" attribuierten „Bürger" gegenüberstehen – eine ironische Pointe, weil in der Geschichte gerade die Bürger, im Gegensatz zu Apolek, keinen Namen haben.

> Der Zufall hätte den harmlosen Herumtreiber um ein Haar zum Begründer eines neuen Ketzerglaubens gemacht. Und dann wäre er der einfallsreichste und der witzigste Kämpfer unter all jenen gewesen, die die wechselvolle und an Aufruhr reiche Geschichte der römischen Kirche je gekannt hat. Ein Kämpfer, der im seligen Rausch über Land geht, zwei weiße Mäuse unter der Hemdbrust und in der Tasche ein Sortiment feinster Pinsel (28).

Wie eine Satire auf die Auftragsmalerei des Großbürgertums nimmt es sich demnach aus, wenn der aus der Kirche vertriebene Pan Apolek den Bauern der umliegenden Dörfer verkündet: „Fünfzehn Zloty für die Gottesmutter, fünfundzwanzig Zloty für die heilige Familie und fünfzig Zloty für das Abendmahl mit der Darstellung aller Verwandten des Auftraggebers. Der Feind des Auftraggebers kann in Gestalt des Judas Ischariot dargestellt werden, zu einem Aufpreis von zehn Zloty" (28).

In der Geschichte *Der Sohn des Rabbi*, die in der ersten Buchausgabe der *Reiterarmee* von 1926 den Zyklus abschloss, schreibt Babel über den sterbenden Rabbinersohn Ilja Braclavskij, der der Kommunistischen Partei beigetreten war:

> Die Porträts von Lenin und von Maimonides lagen nebeneinander. Das knorrige Eisen des leninschen Schädels und die stumpfe Seide des Porträts des Maimonides. Die Haarlocke einer Frau lag gepreßt in der Broschüre mit den Beschlüssen des sechsten Parteikongresses, und auf den Rändern kommunistischer Flugblätter drängten sich die schrägen Zeilen althebräischer Verse. Als ein trauriger und dünner Regen fielen sie auf mich hernieder – die Seiten des Lieds der Lieder und die Revolverpatronen (186).

Das ist nicht bloß die Charakterisierung einer von vielen Figuren, an denen die *Reiterarmee* so reich ist. Zu dieser Figur hat Ljutov eine besondere Beziehung. Isaak Babel, der in seiner Kindheit in Odessa ein Pogrom miterlebt hatte, der Jude, der zur Roten Armee gestoßen war und mit dieser im russisch-polnischen Krieg Leid und Zerstörung in den Dörfern Wolhyniens, Galiziens und Polens mit ansehen musste und dennoch von der Notwendigkeit der Revolution überzeugt war, lässt seinen Erzähler ganz am Ende der Geschichte vom Sohn des Rabbi sagen: „Und ich – der ich in meinem alten Körper kaum die Stürme meiner Phantasie zu bändigen vermag – ich nahm ihn auf, den letzten Seufzer meines Bruders" (187).

Die Wirklichkeit, die Babels *Reiterarmee* entwirft, ist düster. Nur selten gibt es darin Lichtblicke. Die positive Utopie legt Babel dem alten jüdischen Ladenbesitzer Gedali in den Mund. Er wünscht sich eine „Internationale der guten Menschen“ (42). Er sagt ja zur Revolution, aber er will deshalb nicht nein sagen müssen zum Sabbat. Wie soll er wissen, wo die Revolution ist und wo die Konterrevolution, wenn er immer wieder nur der Gewalt begegnet?

> Aber der Pole hat geschossen, mein freundlicher Pan, weil er ist die Konterrevolution. Ihr schießt, weil ihr seid die Revolution. Aber die Revolution ist doch ein Vergnügen. Und es ist ein schlecht Vergnügen, das Waisen im Haus zurückläßt. Gute Taten begeht ein guter Mensch. Die Revolution ist eine gute Tat von guten Menschen. Aber gute Menschen töten nicht. Also machen die Revolution böse Menschen. Aber auch die Polen sind böse Menschen. Wer also sagt Gedali, wo ist die Revolution und wo die Konterrevolution? (41).

Der Logik des gesunden Menschenverstands, dem Leiden des ewig geprügelten Individuums begegnet der Erzähler, der jüdische Revolutionär Ljutov, mit dem formelhaften Pathos alter Heldenlieder. „– In geschlossene Augen fällt keine Sonne, – antworte ich dem Alten, – doch wir werden die geschlossenen Augen aufreißen ...“ (40). Ljutov weiß, dass die Revolution mit Gewalt verbunden ist. Gedali lässt die personifizierte Revolution, die ihm sein Grammophon weggenommen hat, sagen: „‘Du weißt nicht, was du liebst, Gedali, ich werde auf dich schießen, dann wirst du es wissen, und ich kann nicht anders als schießen, weil ich bin die Revolution’ ...“ (41). Und Ljutov repliziert mit den gleichen wuchtigen Worten. „– Sie kann nicht anders als schießen, Gedali, – sage ich zu dem Alten, – weil sie ist die Revolution ...“ (41). Die Internationale wird mit Pulver gegessen und mit dem besten Blut gewürzt, erklärt Ljutov, ehe er mit Gedali den Sabbat feiert.

Die Trauer der *Reiterarmee* im Allgemeinen und von *Gedali* im Besonderen gilt den Opfern, die eine als unumgänglich erkannte historische Entwicklung fordert. Babels

Werk, das Werk eines Autors, der als Jude im vorrevolutionären Russland, gefährdet von Pogromen, ohnedies am Rande der Gesellschaft lebte, ist insofern ein Gegenentwurf zur Bürgerlichkeit, als es an der Notwendigkeit der Revolution keinen Zweifel lässt. Im Gegensatz aber zu schönfärberischer Literatur des Sozialistischen Realismus versucht es nicht, die Kosten der Revolution zu verschleiern oder gar die Revolution heroisch zu überhöhen. Missverständnisse sind bei solch einer differenzierten Haltung ebenso vorprogrammiert wie bei *Dantons Tod* von Georg Büchner, und die zeitgenössische Reaktion vor allem sowjetischer Politfunktionäre hat denn auch prompt zu völlig inadäquaten Interpretationen der *Reiterarmee* geführt.

Irmgard Keun: *Gilgi – eine von uns*

Sorgt doch, daß ihr die Welt verlassend
Nicht nur gut wart, sondern verlaßt
Eine gute Welt!

Bertolt Brecht:
Die heilige Johanna der Schlachthöfe

Irmgard Keuns 1931 erschienener erster Roman *Gilgi – eine von uns* erreichte in der kurzen Zeit bis zu Hitlers Machtergreifung eine erstaunliche Gesamtauflage von 30.000 Exemplaren. Bereits 1932 wurde er in Paris von Johannes Meyer mit so prominenten Darstellern wie Brigitte Helm, Gustav Diessl, Jessie Vihrog und Ernst Busch verfilmt. Nach den Jahren ihrer freiwilligen Emigration und der illegalen Rückkehr ins nationalsozialistische Deutschland, wo ihre Bücher verboten waren, war die Autorin als Person vergessen, ihre Spuren waren „auf dem Weg ins Langzeitgedächtnis der Historie“[38] verblasst. Dieses Schicksal teilt Irmgard Keun, worauf Ursula Krechel, die sie Ende der 1970er Jahre im wörtlichen Sinne aufsuchte, hinweist, mit anderen Frauen, aber auch mit zahlreichen Männern, die die Jahre zwischen 1933 und 1945 im Exil oder im Untergrund verbringen mussten. Ernst J. Walberg zählt in einer Rezension aus dem Jahr 1980 einige Namen auf, die man in Literaturgeschichten jener Zeit vergeblich sucht und die „persona non grata im Universitätsbetrieb in Sachen deutscher Literatur“ waren: „Walter Hasenclever, Albert Ehrenstein, Ivan Goll, Klabund, Salomo Friedländer, Ernst Weiß, Max Herrmann-Neiße und ... und ...“.[39] In der Tat ließe sich die Liste beliebig erweitern. Wer kennt etwa, um in der unmittelbaren Umgebung von *Gilgi* zu bleiben, Siegfried Kracauers in vieler Hinsicht interessanten pazifistischen Roman *Ginster*? Walberg fügt noch hinzu, wen man nach 1945 gelesen hat: „die schnell wieder hoffähig gewordenen Erwin Kolbenheyer, Frank Thies, Ina Seidel".[40] Man sieht: das Geschlecht war hier jedenfalls nicht das entscheidende Kriterium.

Immerhin erschien *Gilgi – eine von uns* in der Bundesrepublik Deutschland, zum Teil gekürzt, in vier gebundenen und zwei Taschenbuchausgaben. Dass Irmgard Keuns Werk zeitweilig vergriffen war, lässt sich ebenfalls schwerlich (allein) damit begründen, dass es von einer Frau stammt. Auch dieses Schicksal teilt Irmgard Keun mit vielen lebenden und toten Schriftstellern beiderlei Geschlechts – übrigens, was die deutschsprachigen Übersetzungen angeht, auch mit Charles de Coster und Isaak Babel. Überhaupt greifen die Versuche, Irmgard Keun für den Feminismus der vergangenen drei Jahrzehnte in Anspruch zu nehmen, zu kurz. Sie berauben in ihrer Verengung der Perspektive auf den Geschlechtergegensatz Keuns Romane ihrer differenzierten sozialen Problemstellung, mehr noch: sie fügen sich in die allgemeine restaurative Tendenz, antibürgerliche und klassenkämpferische Positionen durch eine ausschließliche Thematisierung der Antagonismen der Geschlechter zu ersetzen, und sollen letztlich nur der Selbstaufwertung jener Autorinnen dienen, die Irmgard Keun einmal als Opfer, einmal als Genie preisen und dabei im Grunde ihre eigene Person meinen.

Irmgard Keuns Bewunderer Kurt Tucholsky und andere warfen der jungen Schriftstellerin vor, ihr zweiter und bekanntester Roman *Das kunstseidene Mädchen* sei ein Plagiat von Robert Neumanns ein Jahr zuvor erschienenem Roman *Karriere*. Neumann selbst hat diesen Verdacht zurückgewiesen. Er ist an sich auch belanglos. Aber die Ähnlichkeit der beiden Romane, gerade in ihrer sprachlichen Durchführung, widerlegt immerhin die etwa von Elfriede Jelinek vertretene These, dass „es eine weibliche Sprache in der Literatur gebe, eine spezifisch weibliche Ästhetik, die sich von der des Mannes grundsätzlich unterscheidet"[41], wofür sie Irmgard Keun als Kronzeugin aufruft. Es ist nicht ungewöhnlich, dass Themen und Schreibweisen, die, wie die geläufige Redewendung sagt, „in der Luft liegen", gleichzeitig und unabhängig von einander – und zwar durch Verfasser weiblichen wie männlichen Geschlechts – zu vergleichbarer Literatur werden. Es stellt freilich eine ironische Pointe dar, dass gerade Elfriede Jelinek, die eine geschlechtsspezifische Ästhetik postuliert, ihrer Kollegin Elfriede Czurda vorwarf, sie hätte sie, die Jelinek, kopiert.

Gilgi, die Titelheldin von Irmgard Keuns Debüt, ist ihrer Sozialisation nach Kleinbürgerin. Dass ihre leibliche Mutter dem Großbürgertum angehört, erfährt sie erst im Lauf des Romans. Sie fühlt sich aber dem kleinbürgerlichen Milieu ihrer Adoptiveltern, in dem sie aufgewachsen ist, ebenso wenig zugehörig wie dem großbürgerlichen Milieu ihrer Mutter, die sie in ihrem 21. Lebensjahr erstmals aufsucht. Diese Welt der Reichen ist ihr ausdrücklich „fremd und zuwider"[42]. Sie ist, eher intuitiv als aus einer politischen Überlegung heraus, eine „Klassenverräterin". Was manche Kritiker ihr (oder genauer: Irmgard Keun) vorwerfen, dass sie nicht zur kämpferischen Feministin oder Sprecherin des Proletariats wird, macht gerade die besondere Qualität des vom Literaturkanon sicherlich unterschätzten Romans aus.

Der Gegenentwurf zum Bürgertum, den Irmgard Keun mit *Gilgi – eine von uns* liefert, zeichnet sich aus durch die Präzision, mit der die ganz unheroische, ganz unideologische Entfernung einer „unpolitischen" Frau aus dem bürgerlichen Wertesystem, ihre allmähliche Aneignung von alternativen Lebensgrundsätzen in Handlung umgesetzt wird. Gerade die Alltäglichkeit von Gilgis Erlebnissen und Reaktionen macht sie zu einer möglichen Identifikationsfigur – darin besteht die eigentlich politische Bedeutung dieses Romans – und bewahrt sie vor jener zum Pathos neigenden Idealisierung, die die Helden vieler bewusst sozialistischer Autoren ertragen mussten. So betrachtet ist der von manchen Kritikern bemängelte Zug zum Melodramatischen, gar ins „Schwülstig-Peinliche“[43] im zweiten Teil des Romans kein versehentlicher Verlust der korrigierenden Distanz der Autorin zu ihrer Protagonistin[44], sondern vielmehr eine Technik der zunehmenden Innensicht einer Figur, für die private Katastrophen zum Politikum werden. Die Konsequenzen, die Gilgi am Ende zieht, auf die der Roman hinausläuft, können bei ihr nicht durch theoretische Einsichten, durch klassenkämpferische oder militant feministische Erwägungen ausgelöst werden, sondern nur durch Erfahrungen, die sie (und mit ihr der Leser) – wie eine kitschige Szene eines Films – als melodramatisch erleben muss.

Zu Recht bemerkt Doris Rosenstein in ihrer Dissertation über Irmgard Keuns Erzählwerk der 1930er Jahre[45], dass das Wort „Klassenhaß“, das Irmgard Keun Gilgi an einer Stelle in den Mund legt, „nur als Floskel betrachtet werden [kann], da Gilgi über keinerlei Klassenbewußtsein verfügt“[46]. Zugleich aber eröffnet diese Stelle – wenn man nicht annehmen will, sie sei Irmgard Keun „passiert“ – eine Alternative, deren beide Möglichkeiten eine plausiblere Erklärung für die Methode des Romans anbieten als das vorschnelle Urteil mangelnder stilistischer Sicherheit. Entweder hat Gilgi, vergleichbar den Figuren Ödön von Horváths, aufgeklaubte Sprachpartikel in ihre Rede aufgenommen, die sie selbst nicht genau versteht. Dann würde dies eine zusätzliche Charakterisierung Gilgis liefern. Oder die Erzählerin mischt bewusst Vokabeln in die Rede der Figuren, die nicht deren Bewusstseinsstand, sondern eben dem der Erzählerin entsprechen. Dann wäre eine Kritik, die von einer realistischen Sprachverwendung in der Figurenrede ausgeht, einfach unangemessen. So oder so weist der Begriff „Klassenhaß“ über das Bewusstsein Gilgis hinaus auf einen Zusammenhang, den die Romanheldin, wenngleich nicht formulieren könnte, dennoch erahnt. Was mit „Klassenhaß“ gemeint ist und was auch jene empfinden können, die über das Wort nicht verfügen, ist Ausdruck einer antibürgerlichen Haltung, die über die Figur der Gilgi zum eigentlichen Thema von Irmgard Keuns Roman wird.

Wenn Doris Rosenstein behauptet, bei *Gilgi* würde „aus der zunächst alltäglichen Geschichte durch den klischeehaften Handlungskomplex Adoption ein Roman mit KolportageNuancen“[47], so verkennt sie, dass sich die Verwendung des genannten „Handlungskomplexes“ bei Irmgard Keun von einer klischeehaft-kolportagehaften Verwendung dadurch unterscheidet, dass er für die Entwicklung einiger zentraler Handlungsstränge des Romans unverzichtbar ist, ja dass er geradezu das Zentrum seiner Struktur ist. Denn erst die spät eröffnete Tatsache der Adoption ermöglicht Gilgi die Begegnung mit Angehörigen unterschiedlicher Schichten – der leiblichen Mutter, der Kaufmutter, den Adoptiveltern –, die zu ihr in einem vergleichbaren „verwandtschaftlichen“ Verhältnis stehen, und die daraus entspringende Erkenntnis von der determinativen Kraft sozialer Milieus. Das Adoptionsmotiv ist also ein vorbildlicher Konstruktionseinfall, weil es, anders als in der Klischeeliteratur, eine Funktion auf die ökonomischste Weise erfüllt.

Der erste Absatz des Romans stellt uns Gilgi mit wenigen charakterisierenden Sätzen vor. Bereits im zweiten Absatz sehen wir sie in Aktion: beim morgendlichen Aufsteh- und Gymnastikritual. Und schon im dritten Absatz kommt es zur ersten Konfrontation mit der Außenwelt. Die Mutter (an dieser Stelle wissen Gilgi und der Leser noch nicht, dass es die Adoptivmutter ist) ruft – ironischerweise:

mit einer „unordentlichen Stimme“ – zur Ordnung: „‘Aber Jilgi, mit nackten Füßen aufem eisijen Linoljum! Wirst dir noch ’en Tod holen.’“ (5). Unsere Heldin, die sich – wiederum eine ironische Pointe – zuvor mit der Gymnastik und gleich darauf mit einer kalten Dusche just ihrer Gesundheit widmet, verstößt gegen die Ordnungsvorstellungen ihrer Mutter. Man geht nicht barfuß auf kaltem Linoleum. Wer es dennoch tut, wird mit einer gängigen hyperbolischen Phrase bestraft: „Wirst dir noch ’en Tod holen.“ So stellt gleich der Anfang des Romans Gilgi in einen Gegensatz zu dieser sie hautnah umgebenden äußeren Ordnung.

Gilgi ist keine Anarchistin. Auch sie mag es, „wenn alles so ordentlich und geregelt in meinem Leben ist“ (71), sie findet es schön, „sein Leben wie eine sauber gelöste Rechenaufgabe vor sich zu haben“ (71). Sie hat ihre eigene Ordnung. „Tagesplan einhalten. Nicht abweichen vom System“ (6). Der Dissens mit der Mutter basiert nicht auf dem Zusammenstoß von Unordentlichkeit mit Ordnung, sondern auf dem Zusammenprall zweier unterschiedlicher Ordnungen. In der Vorstellungswelt der Mutter wehrt man den Tod (also: die Übertreibung abgezogen, die Krankheit) ab, indem man sich warm hält. In der Vorstellungswelt Gilgis tut man das Gleiche, indem man sich abhärtet, durch „Selbstüberwindung“ (6), durch „eiskalte[s] Wasser“ (6), das, hier positiv besetzt, dem gefährlichen „eisijen Linoljum“ der Mutter entspricht.

Zur Ordnung Gilgis gehört es, dass die Welt der Arbeit und die Welt der Freizeit streng getrennt werden. Schön will sie sein, Körperpflege dient der Gesundheit und dem Aussehen zugleich. Aber die kosmetischen Details sind präzise auf die beiden Welten verteilt. „Schminken gibt’s nicht am Vormittag. Rouge und Lippenstift bleiben für den Abend reserviert“ (6).

Hier klingt erstmals an, was für die Lesart des Romans als frühfeministisches Manifest zentrale Bedeutung erlangt: eine sexualökonomische Logik. Was vormittags, in der Arbeitswelt, zu einer Gefährdung werden kann – die sexuelle Attraktivität –, ist abends Kapital, das eingesetzt werden muss. Schönheit – und zwar weibliche Schönheit! – als möglichst lange zu erhaltender Marktwert wird weder von Gilgi noch von der Erzählerin an irgendeiner Stelle kritisch betrachtet. Immer wieder beurteilt Gilgi die sie umgebenden Frauen nach ihrem Aussehen und ihr Urteil fällt nicht gerade tolerant aus. Ein kleinbürgerliches Relikt, das weit ins Proletariat hineinwirkt? Die bewusst politische proletarische Jugendbewegung jener Jahre jedenfalls kämpfte dagegen an, lange bevor der missverständliche Begriff „Sexualobjekt" in Mode kam. Die Beharrlichkeit, mit der Irmgard Keun – auch im *Kunstseidenen Mädchen* – die Perspektive ihrer Heldinnen auf weibliche Attraktivität teilt, lässt den Schluss zu, dass die immer wieder als außerordentlich hübsch beschriebene Schriftstellerin und frühere Schauspielerin, die ihr Geburtsjahr verheimlichte und bis heute – etwa in einem der Klappentexte der hier verwendeten Buchausgabe – um fünf Jahre jünger gemacht wird, zumindest in diesem Punkt bürgerlichen Werten verhaftet blieb.

Einige Absätze weiter – der zweite Konflikt, wieder mit der Mutter. Diesmal geht's nicht um Ordnung, sondern um Geschmack, und wiederum hat der Gegensatz sozial charakterisierende Funktion. In Gilgis Zimmer hängt „ein harmlos umrahmtes Genrebildchen, das – blaß und reizlos wie ein verlassenes Mädchen – endgültig verzichtet hat, aufzufallen" (7). Gilgi „hebt angriffslustig den Arm" (7), um das Bild zu entfernen, lässt ihn aber wieder sinken: „Ach, wozu? Mutter hat's ihr mal geschenkt, das Ding. Die würde gekränkt sein, wenn man's fortschmisse" (7). Die Mutter findet schön, was nicht auffällt, „wie ein verlassenes Mädchen“. Das ist nicht Gilgis Geschmack. Wohlgemerkt: hier stoßen zwei Geschmackswelten aufeinander, die nicht unterschiedlichen Geschlechtern, sondern unterschiedlichen Generationen und den damit verbundenen sozialen Kontakten zuzuschreiben sind.

Gleich darauf folgt, noch im selben Absatz, die nächste Konfrontation. Diesmal mit dem Vater. Er tritt, wie die Mutter, zunächst nicht als Körper, sondern als Stimme auf, und zwar, mit unübertrefflicher Deutlichkeit, als „rauhe Stammtischmännerstimme“ (7) – ein Ausdruck, der im Lauf des Romans mehrfach variiert wird. Gilgi aber reagiert gar nicht darauf, sondern flüchtet stracks wiederum in ihre Welt, in die Welt der sexuellen Phantasie diesmal, die sich an einen beiläufigen Kuss vom Vorabend knüpft.

Nach dem Vater – „[e]ine runde Gestalt in weißlichem Unterzeug“ (8) – wird nun das Wohnzimmer der Eltern beschrieben:

> Imposantes Büffet, hergestellt um Neunzehnhundert. Tischdecke mit Spachtelstickerei und Kreuzstichblümchen. Grünbleicher Lampenschirm mit Fransen aus Glasperlen. Grünes Plüschsofa. Darüber ein tuchenes Rechteck: Trautes Heim – Glück allein. Epileptisch verkrampfte Stickbuchstaben, um die sich veitstänzerische Kornblumen ranken. Können auch Winden sein. So was ist mal geschenkt worden. Für so was wurde mal 'danke' gesagt. Über dem tuchenen Rechteck ein Monumentalbild: Washington. Er steht in einem schwankenden Boot, das sich mühsam einen Weg durch Eisschollen bahnt, und schwenkt eine Fahne von der normalen Größe eines Bettlakens. Bewundernswürdig. Nicht das Bild, sondern Washington. Mach das mal einer nach: in Gladiatorenhaltung, stolz und aufrecht in einem kleinen, sturmbewegten Boot zu stehen und kühn zu blicken und eine Fahne von der normalen Größe eines Bettlakens zu schwenken. Washington konnte das (8 f.).

Das kleinbürgerliche Interieur par excellence, zunehmend ironisiert durch den distanzierenden Blick Gilgis, die sich damit wiederum von dieser Welt absetzt. Übrigens ist Washington für Gilgis Adoptivmutter „ein Vertreter deutscher Heldenhaftigkeit" (9). „Washington, Ziethen, Bismarck, Theodor Körner, Napoleon, Peter der Große, Gneisenau verschwimmen für sie zu einem. Sie weiß von einem soviel wie vom andern, nämlich nichts. Aber das Bild ist patriotisch, und darauf kommt es an. Deutschland, Deutschland ..." (9). Das Kleinbürgertum ihrer Zeit als Träger des Nationalismus – Irmgard Keun deutet es hier bereits an. Demgegenüber bekennt Gilgi an anderer Stelle:

> Martin, ich habe mich schon auf der Schule geschämt, wenn 'Deutschland, Deutschland über alles' gesungen wurde – so ein widerwärtiges Lied – so fett zu sprechen, so fett zu denken, den ganzen Mund voll Lebertran. – Die – mit ihrer aufdringlichen Vaterlandsliebe – verstehst du das –: statt ganz demütig und dankbar zu sein, wenn's ihnen nun gegeben ist, was zu lieben – sind sie stolz drauf wie auf ein persönliches Verdienst – und was für sie persönliches Verdienst ist, machen sie für andre zur Pflicht. So'n furchtbarer Quatsch (137 f.).

Doris Rosenstein zitiert in ihrer Arbeit über Irmgard Keun Alice Rühle-Gerstels Kennzeichnung der „Kleinbürgerin" aus dem Jahr 1932:

> Gekennzeichnet sind die Ideale der Kleinbürgerin durch wirkliche oder erträumte Pensionsberechtigung, durch ein Sparkassenbuch mit einer Einlage von 5 – 50 000 Mark, einen Konfirmationsanzug für den Sohn, durch ein Büffet, ein Klavier oder mindestens eine Standuhr und durch eine schöne Beerdigung. Im Übrigen soll in der Welt passieren, was da will, Hauptsache, daß der Mann seine Stellung nicht verliert, die Tochter einen guten Mann kriegt, die Wintersachen nicht vermotten und alles seine Ordnung hat. Die Sorgen und Nöte der Weltkrise spiegeln sich in der Frau des Kleinbürgertums als rein private Sorgen ab.[48]

Diese überaus plastische Definition charakterisiert exakt den sozialen Typus, zu dem Gilgi, die gerade ein Jahr zuvor das Licht der literarischen Welt erblickt hatte, den Gegentypus bildet. Immer wieder trifft man in dem Roman auf die hier genannten Motive und auf die für Gilgi mehr und mehr lebens- und handlungsbestimmenden Alternativen. An einer Stelle ist von einer Frau Becker die Rede, die stolz ist auf ihr Kind: „Es ist verlobt mit einem Mercedes-Benz, der ist aber jetzt nicht da, auch nicht der Besitzer" (87). Eine witzige Formulierung, die die Verhältnisse auf den Punkt bringt. Das Statussymbol ist das Primäre, sein Besitzer das Sekundäre. Nicht mit dem Mann, mit dessen Besitz ist das Bürgermädchen verlobt. Dieser Besitz macht sich gelegentlich selbstständig, wie, ganz nebenbei, auch der Besitzer: er ist „jetzt nicht da".

Gilgi gehört nicht in die Welt ihres Vaters, dem nichts Freundliches einfällt, wenn er den Mund aufklappt, nicht in die Welt ihrer Mutter, die zu Jeißlers zum Kaffeeklatsch geht, aber auch nicht in die Welt jener „Trostlosen" in der Straßenbahn, die „grau und müde und stumpf" sind oder „auf ein Wunder" warten (15). Gilgi „ist nicht zufrieden, aber sie ist froh" (15). Der Grund: „Sie verdient Geld" (15). Nicht die Arbeit, sondern dass sie Arbeit hat, reicht zum Frohsein. Denn erstens lebt Gilgi in einer Zeit der Massenarbeitslosigkeit. Und zweitens ist sie eine Frau. Arbeit schützt sie vor der Abhängigkeit von einem Mann, vor jener kleinbürgerlichen Tristesse, die sie bei ihren Adoptiveltern beobachten kann. Was Gilgi Freude macht, ist „aus eigener Kraft weiterzukommen" (71).

Die Arbeit beschert Gilgi einen Chef, mit dessen hilflosen Anzüglichkeiten sie umzugehen gelernt hat. Sie träumt von einer selbstständigen Arbeit in der Zukunft, spielt in Gedanken verschiedene Möglichkeiten durch, lernt Sprachen, um die Chancen zu verbessern. Arbeit ist für Gilgi

Mittel zum Zweck, nicht Lebensinhalt. Wie sollte es auch anders sein? Als Stenotypistin hat Gilgi fremde Gedanken niederzuschreiben. Eigene Gedanken, Selbstverwirklichung gar sind in diesem „typischen Frauenberuf" ausdrücklich ausgeschlossen.

Als Gilgi an ihrem 21. Geburtstag erfährt, dass ihre vermeintlichen Eltern nicht ihre tatsächlichen Eltern sind, nimmt sie das mit Gelassenheit auf. „Eine kleine Näherin ist ihre Mutter. Vater unbekannt. Von Proletariern stammt sie ab. Das freut sie, denn sie hat nie Wert darauf gelegt, zur bürgerlichen Gesellschaft zu gehören" (31). Ironie des Schicksals: die Realität (der Romanfiktion, versteht sich), die der Heldin unbekannt war, legitimiert im Nachhinein ihre eigene Entscheidung. Ihre Aversion gegen das Milieu der Eltern erhält durch die Herkunft eine scheinbar logische Ursache. Der Traum vom sozialen Aufstieg mit entgegengesetzter Wertung – vom Ende her gesehen. *Pygmalion* verkehrt herum.

Die Koketterie mit der proletarischen Herkunft kann natürlich nur einen Augenblick anhalten. Gilgi verachtet die bürgerliche Klasse, in der sie aufwuchs, aber woher sollte sie ein proletarisches Klassenbewusstsein bekommen haben? Mit Abscheu registriert Gilgi, wie es bei Margarethe Täschler aussieht, bei der Frau, die sie zur Welt gebracht haben soll. Es ist das Gegenbild zum kleinbürgerlichen Ambiente der Adoptiveltern. Verlockend ist es nicht. „Pfanne mit klebrigen Bratkartoffeln, Dame ohne Unterleib, schmutziges Bett, Gestank nach ranziger Margarine, feuchte Wände und morscher Fußboden" (41). Hie das schmutzige Bett, dort das grüne Plüschsofa. Hie Klebriges, Feuchtes, Morsches, Gestank und Unordnung, dort aseptische Reinlichkeit. Legt Gilgi etwa Wert darauf, hierher zu gehören? Wiederholt ist vom unerträglichen Geruch die Rede, vom Gestank, von der „Muffluft" (44). Der Klassenunterschied springt den Leser aus jeder Zeile an. „Hach, unsereins“, sagt Fräulein Täschler, „kann sich das nicht leisten, auswärts zu Abend zu essen“ (43). Die proletarischen Allüren sind Gilgi rasch vergangen, als sie „mit der Wirklichkeit auf du und du“ steht (45). Sie empfindet nur noch Ekel. Die Situation wiederholt sich. Als Gilgi erfahren hat, dass auch Fräulein Täschler nicht ihre leibliche Mutter ist, begegnet sie in einer Weinstube einer Nutte. Sie spendiert ihr ein Butterbrot, aber das andere will sie selbst auch nicht essen: „die Nutte hat sie mit den Fingern berührt, das ist ihr eklig“ (56).

Auf den Gang in die Tiefe folgt später der Gang nach oben, zur leiblichen Mutter aus reichem Hause, die Gilgi weggegeben hatte, weil ein uneheliches Kind in ihren Kreisen einen Skandal hervorgerufen hätte. Wenn Gilgi ihr, gegen Ende des Romans, zum ersten Mal gegenüber sitzen wird, wird sie sie so einschätzen: „Sicher spielt sie Bridge und kann aparte Cocktails mixen und weiß, in welchen Monaten man Austern ißt, und verachtet Leute furchtbar, die nicht wissen, wann in Monte tote Saison ist ...“ (229). Hier, im Hause der Mutter, ist alles ganz anders als bei Fräulein Täschler. „Es riecht nicht schlecht hier. Es ist still hinter den Türen. Kein Schreien, kein Schimpfen, keine stinkige, veratmete Luft, die sich lähmend auf die Brust legt“ (78). Gilgi stellt fest und präzisiert sogleich: „Feines Haus – ekelhaft feines Haus“ (79). Der Wortstamm „ekel“ in einer Ableitung, die nicht mehr an den ursprünglichen Sinn von „Ekel“ denken lässt, aber ihn hier, im Kontext, doch abruft. Und hier regt sich, über die unkontrollierbaren Empfindungen hinweg, bei der „unpolitischen“ Gilgi so etwas wie politisches Bewusstsein: „Ich gehör’ nicht hierher. In die Thieboldsgasse [wo Fräulein Täschler wohnt, Th.R.] gehör’ ich auch nicht, aber das stinkige Zimmer da – das ging mich was an“ (79). Wenn es Gilgi etwas „angeht“, obwohl sie nicht dahin, in die Welt der Täschler, „gehört“, kann das nur heißen: sie erkennt intuitiv, dass man über seine eigenen Interessen hinaus beteiligt sein müsse, und zwar – das ist wichtig – zu Gunsten der Armen, die hier akzentuiert im Gegensatz zu den Reichen stehen. Damit wird Gilgis spätere Entscheidung für Hans und Hertha vorweggenommen.

Gilgi wird vom Dienstmädchen der reichen Mutter abgewimmelt. „Gilgi fühlt ein feindseliges Gefühl in sich aufsteigen. Eine im grauen Schmutz – eine in hellem Licht – keine unwertiger als die andere“ (80). Der Ekel wandelt sich in Einsicht, in Parteinahme für die da unten. Und auch hier verstärkt Irmgard Keun die eben erst gewonnene Erkenntnis gleich darauf durch eine kleine Episode. Gilgi findet einen abendlichen Nebenjob als Maschinenschreiberin. Ihre arbeitslose Konkurrentin um die Stelle wurde abgewiesen. Nach mehreren vergeblichen Versuchen, ihren Vorteil vor sich selbst als gerecht zu rationalisieren, kommt Gilgi zu dem Schluss: „Die Tatsache, daß die Menschen mit höchst ungleichen Chancen ins Leben starten, wackelt erst ein bißchen – dann steht sie fest“ (84).

Gilgis Bewunderung gehört der stets wohlgelaunten, intelligenten Freundin Olga, „obwohl sie weder die Möglichkeit, noch den Wunsch hat, ihr je zu gleichen“ (23). „Sie ist an nichts und niemanden gebunden, das unabhängigste Wesen, das Gilgi sich denken kann“ (23). Olga ist Künstlerin. Sie arbeitet, wenn sie Geld braucht, und wenn sie Geld hat, reist sie. Im Gegensatz zu Gilgi freut sie sich „von einer Unvorhergesehenheit auf die andere“ (72). Ohne Zweifel: es ist das Unbürgerliche der Boheme-Existenz, was Gilgi fasziniert. Dies, nicht das Proletariat, ist für sie die erstrebenswerte Alternative zum Besitzbürgertum. Aber Gilgi ist keine Künstlerin. Sie hat nicht die Option, so zu leben wie Olga. Für sie gibt es nur einen Umweg in diese Welt. Er wird sich ihr in dem Roman bald eröffnen.

Zuvor aber lernt der Leser Pit kennen. Pit ist Student, im Gegensatz zu Gilgi großbürgerlicher Herkunft, für Gilgi seit Jahren ein „guter Kamerad“, aber – zu seinem Bedauern – kein Objekt der Begierde. In den vorhandenen Arbeiten zu Irmgard Keuns erstem Roman wird Pit meist wenig Beachtung geschenkt. Für eine feministische Interpretation gibt er nichts her. Dabei ist er für das Verständnis des Romans von zentraler Bedeutung, vergleichbar den eifernd idealistischen sozialistischen Studenten in den Stücken Anton Čechovs. Denn der Standpunkt, an dem Gilgi am Ende des Romans anlangt, steht in diametralem Gegensatz zu Pits Position. Das tertium comparationis ist der „Klassenhaß“ gegen die Bourgeoisie. Pit ist der Typus des Ideologen. Er nähert sich der politischen Realität über die Theorie, nicht über Erfahrung. Nach Gilgis Meinung ist er „auf dem besten Wege, den Anschluß ans lebendige Leben zu verpassen“ (37). Seine Lösungsvorstellungen für die gesellschaftlichen Probleme sind maximalistisch. Der Einzelfall gerät ihm nicht ins Visier. Sein Gegenüber ist das System, nicht das Individuum. Weil er erkennen muss, dass seine politischen Visionen keinerlei praktische Auswirkungen haben, wird Pit sarkastisch oder, wie Gilgi sich ausdrückt, „giftig“ (35).

Der sozialistische oder kommunistische Agitator, der die Welt verbessern möchte, aber außerstande ist, dem einzelnen leidenden Menschen zu helfen, ist ein geläufiges Motiv in der Zwischenkriegszeit – man vergleiche etwa Ernst Tollers *Hinkemann*, Ödön von Horváths *Sladek*, Alfred Döblins *Berlin Alexanderplatz* oder auch Joseph Roths *Flucht ohne Ende* (da ist es – nur um noch einmal vor vorschnellen Festlegungen zu warnen – eine Agitatorin). Aber Irmgard Keun verleiht diesem Typus eine ganz eigene Färbung, indem sie bei Pit auf die karikaturistischen Mittel verzichtet, die sie bei der Beschreibung von Angehörigen des Bürgertums anwendet, und stattdessen das subjektive Leiden des ewigen Studenten an sich und der Welt spürbar macht mit ihrem für diesen Roman bezeichnenden Verfahren, das unaufhörlich zwischen der Perspektive des Erzählers und der Perspektive Gilgis changiert.

Pit wird von Irmgard Keun nicht denunziert. Aber seine Haltung ist nicht die ihre. Sie sympathisiert – das macht die Struktur des Romans deutlich – mit Gilgi. Gerade deshalb ist es jedoch bemerkenswert, dass Pit im Lauf der Handlung an Sympathie gewinnt, dass er, wenn's drauf ankommt, aller ideologischen Verbohrtheit zum Trotz, verständnisvoller und hilfreicher reagiert als alle anderen. Will sagen: die Abstraktheit seines antibürgerlichen Kampfes ist (in den Augen Irmgard Keuns) immer noch ehrenwerter als die Komplizenschaft mit der Bourgeoisie.

Dann also, im Kontrast zu Pit, der Schriftsteller Martin Bruck. Er ist zweiundzwanzig Jahre älter als Gilgi und stößt – wie anders? – aus der Welt Olgas auf sie. Was sie nicht unmittelbar erreichen konnte, weil sie „keine Talente" hat, „keine Bilder malen und keine Bücher schreiben" kann (71), wird ihr nun durch den Bohemien Martin zugänglich: das bürgerlich-antibürgerliche Universum der Künstler. Für Martin ist neun Uhr morgens „[m]itten in der Nacht" (111). Irmgard Keun wechselt vorübergehend in die Perspektive Martins. Wie sieht er Gilgi? „Braves, dummes, kleines Bürgermädchen – arbeitest dir Spinnweben ins Gesicht – warum? Wozu? Soviel Willen um so wenig Wert. Soviel verkrampfter Ehrgeiz um so kleines Ziel" (104). Bürgerlichkeit ist relativ. Gilgi, die das Milieu ihrer kleinbürgerlichen Adoptiveltern ebenso verabscheut wie das ihrer großbürgerlichen Mutter, ist für den Bohemien wegen ihres Arbeitsethos ein „Bürgermädchen". Was den Kleinbürger vom Künstler unterscheidet – Gilgi spricht es in einem selbstkritischen Satz Martin gegenüber aus: „Weißt du, vielleicht hab' ich immer das Nützliche dem Schönen vorgezogen oder vielmehr nur das Nützliche schön gefunden. – Ich werd' aber schon lernen" (118). Die erste Lektion hat sie gelernt, als sie sich darüber freut, gekündigt zu werden.

Die Liebesgeschichte zwischen Gilgi und Martin entwickelt sich zum zentralen Strang der Handlung. Irmgard Keun spielt dabei höchst raffiniert mit der Lesererwartung. Ihre Erzählstrategie suggeriert vor dem Hintergrund (trivial)literarischer und lebensweltlicher Erfahrung, dass Martin die bis über die Ohren, bis zur Selbstaufgabe verliebte Gilgi verlassen wird. „Gilgi und Martin!", heißt es noch vor der Mitte des Romans, diesmal aus der Perspektive Olgas: „Eigentümliche Konstellation. Wenn das nur gutgeht" (107). Und Gilgi selbst fürchtet: „eines Tages hat er mich über – na ja" (148). Umso bedeutsamer erscheint es, welche Wendung der Roman gegen Ende tatsächlich nimmt. Das entspricht nämlich keineswegs dem Kolportagemuster, das zuvor möglicherweise mit Absicht und irreführend abgerufen wurde.

Es ist nicht Martin, der Gilgi – es ist Gilgi, die Martin verlässt. Die vorliegenden Interpretationen des Romans *Gilgi – eine von uns* nennen unisono als Grund dafür, dass Gilgi Angst davor hat, sich als eigenständiges Individuum in der grenzenlosen Liebe zu diesem Mann zu verlieren. In der Tat gibt es zahllose Stellen, an denen Gilgi diese Angst in der einen oder anderen Weise sich selbst und anderen gegenüber formuliert. Und sie ist ohne Zweifel eines der Motive für ihren Entschluss. Aber ist es das einzige, auch nur das entscheidende Motiv, wie eine Lesart suggeriert, die den Roman als Darstellung einer weiblichen Emanzipation, sozusagen als Bindeglied zwischen Ibsens *Nora* und der neueren feministischen Belletristik begreift?

Just an dem Punkt des Romans, an dem Gilgi, ganz auf sich gestellt, Verantwortung für ihr weiteres Leben übernehmen muss – sie ist schwanger von Martin, der weiß es nicht und sie denkt an eine heimliche Abtreibung –, sucht Hans sie auf, ein Freund aus früheren Tagen. Seine Familie ist in Not geraten. Steht Gilgi, „eine verwöhnte, gepflegte, verschlafene kleine Frau, ganz eingehüllt in teure bestickte Seide“ (187), jetzt plötzlich auf der anderen Seite? Als Gilgi Hertha besucht, die Frau von Hans, sieht es bei ihr ähnlich armselig aus wie einst bei Fräulein Täschler. Wieder ein Geruch: „Es riecht nach Menschen und Kohl und Kinderwäsche“ (204). Aber von Ekel ist hier nicht mehr die Rede.

Um Hans und seiner Familie zu helfen, will Gilgi nun tun, was sie bis dahin zu tun sich geweigert hat: Sie will ihre reiche Mutter auf mehr oder weniger erpresserische Weise um Geld bitten. Die sozialistischen Weltverbesserungsideen Pits bleiben ihr fremd. „Dialektik! Wie jämmerlich – wo’s um vier lebendige Menschen geht“ (221). Die tätige, ganz und gar unrhetorische Hilfe für Einzelne, die der Hilfe bedürfen, entspricht ihrem Vorstellungsvermögen von Solidarität. Gilgi, die begriffen hat, dass die bürgerliche Klassengesellschaft ungerecht ist, für die feststeht, dass es Chancengleichheit nicht gibt, tut im konkreten Fall, was, verallgemeinert, durchaus eine revolutionäre Zielsetzung sein kann: von den Reichen zu nehmen, um es den Bedürftigen zu geben. Dass man helfen muss – dieser Gedanke führt Gilgi schnurstracks auf die eigene Situation zurück, auf ihre Liebe zu Martin: „Man müßte einander helfen – das ist so wichtig – und da sind kleine blasse Kinder, die nicht genug zu essen haben – und auf dem Arbeitsnachweis – und – ja, wenn man sich liebt, bringt man sich nur Unglück“ (195).

Noch einmal: Just an dem Punkt, da Gilgi ganz auf sich gestellt ist, da sie für sich und nun auch für Hans und Hertha Entscheidungen fällen muss, für die sie weder Martin noch die nach Berlin abgereiste Olga ins Vertrauen ziehen kann, häufen sich die inneren Monologe, bedient sich Irmgard Keun der assoziativen Technik des Bewusstseinsstroms. Kein Verlust der korrigierenden Distanz der Autorin zu ihrer Protagonistin also, sondern adäquate literarische Darstellungsweise für die einsame Suche nach Klarheit. So, nur so erkennt der Leser Gilgis Anstrengung und Kraft, ihre Gefährdung und ihren Durchbruch zum Ausweg, indem sie entledigt ist von jeglicher Instanz, die ihr beratend zur Seite stehen könnte, von den Figuren des Romans ebenso wie von der Autorin.

Gilgi bekommt, was sie von ihrer Mutter fordert. Irmgard Keun schafft es, in einem Nebensatz die menschliche Tragödie der reichen Frau anzudeuten. Aber – das wiederum unterscheidet die Konstruktion von Kolportage – Gilgi reagiert unsentimental. Ihre Hilfsbereitschaft gilt jenen, die sie am meisten benötigen, und das sind Hertha und Hans. Das Romanende inszeniert Irmgard Keun als Wettlauf mit der Zeit. Martin hält Gilgi auf dem Weg zu Hertha und Hans mit Liebe und Eifersucht fest. Als Gilgi am nächsten Morgen ankommt, ist es zu spät: Hans hat sich und seine Familie mit Gas ums Leben gebracht. Das folgt dem Rezept des Melodrams. Aber es ist hier von der Logik der Fabel her notwendig. Gilgis unverschuldet-verschuldetes Versäumnis muss die denkbar tragischste Folge haben, damit sie ihrerseits daraus weit reichende Folgerungen ziehen kann.

Jetzt nämlich entschließt sich Gilgi, Martin zu verlassen. Im Abschiedsbrief an Martin spricht sie noch von der Angst vor dem Ende der Liebe: „So, wie ich jetzt bin, würd' ich nur Last für Dich sein und Dich mit traurig machen ... vielleicht hättest Du mich dann nicht mehr lieb ... vor nichts hab' ich mehr Angst" (251). Aber dann geht sie zu Pit, zum guten Kameraden, zum Sozialisten. Und plötzlich, ganz unvermittelt, steht da der Satz: „Nazi-Leute verprügeln Kommunisten – Kommunisten verprügeln Nazis – alle haben recht – weil alle glauben, sie haben recht“ (252).

Was soll dieser Satz an dieser Stelle? Was hat er mit Gilgis Entscheidung zu tun? Sie wollte helfen, in kleinstem Maßstab sozial handeln. Ihr Versuch ist gescheitert, weil sie sich, eine Nacht lang nur, für das Private entschieden hat. Den Tod von Hans und seiner Familie verbindet mit den Straßenkämpfen draußen, dass sie nur verhindert werden können, wenn man auf die Flucht ins Private verzichtet. Das ist es, was Gilgi am Ende erkannt hat. Das ist es, was sie dazu bewegt hat, Martin zu verlassen, so schwer ihr das auch fällt. Ihre Entscheidung ist eine zutiefst politische Entscheidung. Sie richtet sich gegen die bürgerliche Konzeption von Privatheit. Gilgi mag sich das nicht in dieser Deutlichkeit bewusst machen. Aber ihr Handeln verweist darauf. Und dass sie zugleich beschließt, ihr Kind zu behalten und allein aufzuziehen, steht dazu nicht im Widerspruch. Es korreliert mit dem Motiv ihrer eigenen großbürgerlichen Mutter, die ihr uneheliches Kind aus Angst vor der Schande weggegeben hat. Gilgi entscheidet sich für die Verantwortung. In jeder Beziehung. Und ohne Absicherung.

Gilgis letztes Lächeln gehört dem verbitterten Sozialisten Pit.

Es scheint bemerkenswert, dass für keines der hier vorgestellten Werke die Form des großen, realistischen Romans gewählt wurde. 1867, als Charles de Costers *Thyl Ulenspiegel* erschien und die Bourgeoisie in Europa politisch wie kulturell die Normen setzte, stand er in voller Blüte. Und 1931, als Irmgard Keun debütierte, war er immer noch nicht ausgestorben. De Coster greift auf das Schema des pikaresken Romans zurück und benützt einen altertümelnden hohen Stil. Irmgard Keun, deren Roman mit Einschränkungen der Neuen Sachlichkeit zugerechnet werden kann, bevorzugt eine jargonhafte, alltägliche Sprache, die, anders als bei de Coster, aus dem sozialen Milieu ihrer Figuren schöpft. *Gilgi – eine von uns* lässt sich motivlich, stilistisch und in der Mischung von satirisch-komischen und sentimentalen Elementen einmal eher in die Nachbarschaft von Erich Kästners *Fabian*, einmal eher in die von Hans Falladas *Kleiner Mann – was nun?* rücken, die beide zu ebenjener Zeit entstanden sind. Isaak Babels *Reiterarmee* nimmt eine Zwischenposition ein. Die Kurzgeschichten bedienen sich einmal eines gehobenen, der russischen Byline angenäherten formelhaften Stils, einmal des *skaz*, der eine Figur unmittelbar durch ihre (dialekt- oder jargonbestimmte, oft auch „defekte") Rede charakterisiert. In allen drei Fällen scheinen die Möglichkeiten des realistischen Romans, wie sie dessen bedeutendste Vertreter von Balzac bis Fontane oder Tolstoj bereitgestellt hatten, für die Darstellung einer gegenbürgerlichen Wirklichkeit nicht ausgereicht zu haben. Das mag auch als Hinweis dienen für die Ursache des Scheiterns vieler „proletarischer" Romane im Umkreis des Sozialistischen Realismus, die sich formal am realistischen Roman des 19. Jahrhunderts orientierten.

Frank Capra: *You Can't Take It With You*

Sollte sich einmal jemand der Mühe unterziehen, nachzuprüfen, wie oft einzelne Filme in anderen Filmen verborgen oder direkt zitiert wurden, so dürfte Frank Capras *It's a Wonderful Life* von 1946 an einer der ersten Stellen der Liste stehen. Als 1938 *You Can't Take It With You*[49] in die Kinos kam und mit den Oscars für den besten Film und für Regie ausgezeichnet wurde – der erste Film Capras, in dem sein Name oberhalb des Titels stand (so nannte er dann seine Autobiographie: *The Name above the Title*) –, war Capra schon ein Erfolgsregisseur. Filme wie *Platinum Blonde, American Madness, Lady for a Day, It Happened One Night, Mr. Deeds Goes to Town* hatten ihn berühmt gemacht, und er hatte bereits eine Handschrift entwickelt, die unverwechselbar schien. In einer Mischung aus Humor und Sentimentalität priesen viele seiner Filme (manche, die, wie *The Bitter Tea of General Yen* oder *Lost Horizon*, in exotischem Ambiente spielen, auf verschlüsselte, mittelbare Weise) den *american way of life*. Capra, der als Kind mit seinen analphabetischen Eltern aus Sizilien in die USA eingewandert war, hatte es seiner neuen Heimat nie vergessen, welche Möglichkeiten sie ihm eröffnete.

Aber bei aller Bewunderung für den amerikanischen Traum, den er teilte, war Capra nicht blind gegenüber den bestehenden sozialen Problemen. Der Konflikt zwischen Arm und Reich ist beherrschendes Motiv vieler seiner Filme. (Für die Konflikte, die sich aus dem aggressiven Rassismus jener Jahre ergaben, hatte Capra kaum ein Sensorium. Farbige kommen in seinen Filmen nur selten und dann oft mit einem subtil rassistischen Unterton vor.) Die Lösung, die Capra für die Klassenkonflikte vorschlägt, ist sich immer ähnlich. In *You Can't Take It With You* wird sie mit einer einmaligen Deutlichkeit auf den Punkt gebracht.

Der Gegensatz von Arm und Reich ist in diesem Film personifiziert durch Grandpa Martin Vanderhof (Lionel Barrymore) und Anthony P. Kirby (Edward Arnold). („Arm" muss in diesem Kontext relativ verstanden werden. Die Wohnung der Vanderhofs hat, ihrer Größe und Einrichtung nach, eher kleinbürgerlichen als proletarischen oder gar subproletarischen Charakter, und niemand muss dort hungern oder in Fetzen herumlaufen. Auch der russische Ballettlehrer Kolenkhov [Mischa Auer] kann ohne Einwände miternährt werden.) Beiden Antagonisten ist ein charakterisierendes Umfeld zur Seite gestellt, das Differenzierungen innerhalb der jeweiligen „Partei" zulässt. Kirbys Sohn Tony (James Stewart) und Alice Sycamore (Jean Arthur), eine von Grandpa Vanderhofs Enkelinnen, stellen mit einer Liebesgeschichte, die sich dem Schema der in der zweiten Hälfte der 1930er Jahre florierenden *Screwball Comedies* nähert, die Verbindung zwischen den beiden Familien her. Sie nehmen sentimental vorweg, was die Pointe des Films explizit macht: die Versöhnung von Arm und Reich eben.

Anthony P. Kirby repräsentiert das rücksichtslose Kapital. Um seinen Konkurrenten Ramsey (H. B. Warner) auszuschalten und dessen Expansion zu verhindern, hat er alle Häuser aufgekauft, die dessen Fabrik umgeben. Ein einziges Häuschen fehlt ihm noch. Es ist das Haus Grandpa Vanderhofs, und der will nicht verkaufen. Damit ist der Konflikt mit wenigen Einstellungen exponiert.

Es folgt eine Szene, die nicht nur, neben dem ersten Auftritt Grandpa Vanderhofs, eine für die Komik des Films wichtige Nebenfigur – Mr. Poppins (Donald Meek) – einführt, sondern im Dialog auch gleich zu Beginn des Films Grandpa Vanderhofs Lebensphilosophie benennt. Kirbys ständig nervös zwinkernder Immobilienmakler Blakely (Clarence Wilson) lässt Grandpa Vanderhof bewusst im Vorraum warten. Grandpa Vanderhof spricht dort Poppins an, der sich bemüht, mit einer Rechenmaschine zurechtzukommen. Poppins vertraut ihm an, dass er in seiner Freizeit Erfinder sei, und führt ihm einen kleinen Hasen vor, der mit aufgestellten Ohren aus einer Spieldose hervorhüpft. Eines Tages, „when my ship comes in“[50], will er nur noch solche Sachen erfinden. Grandpa Vanderhof lädt ihn daraufhin ein, zu ihm in sein Haus zu kommen, wo jeder nur das tut, was er gerne tut.

Grandpa Vanderhof verkündet das antibürgerliche Lob des hedonistischen Lebens anstelle der ungeliebten Arbeit, das Primat der Lust vor der „protestantischen Ethik“. In seinem Haus, wohin Mr. Poppins nun eingeladen ist, leben alle nach diesem Prinzip. Die Tochter Penny Sycamore (Spring Byington) dilettiert ohne großen Erfolg als Dramatikerin. Ihr Mann Paul Sycamore (Samuel S. Hinds) baut Feuerwerkskörper. Ihre gemeinsame Tochter Essie (Ann Miller) tanzt ständig als Möchtegern-Ballerina durchs Bild. (Ihr russischer Lehrer Kolenkhov über ihr Talent: „Confidentially, she stinks.“[51]) Ed Carmichael (Dub Taylor), Essies Mann, spielt zu jeder passenden und unpassenden Gelegenheit das Xylophon. Der Hinweis auf die biblischen Lilien auf dem Felde ersetzt die Anstellung. Gottvertrauen statt Lohnerwerb.[52] Capra spielt die sehr amerikanische Religiosität gegen das ebenso amerikanische kapitalistische Prinzip aus. Aber Capras Sympathie gehört unzweifelhaft diesen chaotischen Außenseitern, denen eine befriedigende Tätigkeit wichtiger ist als eine „nützliche“ Arbeit, die Geld einbringt. Auch Tony Kirby wird an ihnen Gefallen finden. Alice erzählt ihm, als er die Familie erstmals kennen gelernt hat:

> Grandpa started it. He suddenly quit business one day. He started up in the elevator – came right down again – and never went back. He could have been a rich man. But he

said he wasn't having any fun. Then he started collecting stamps, because that's what he likes best. Now he gets paid just to appraise collections, he's an expert. My Dad makes fireworks because there's a sense of excitement about it. And Mother – know why Mother writes plays? Because eight years ago a typewriter was delivered to the house by mistake.[53]

Diese Geschichte erzählt Grandpa Vanderhof später seinem Widersacher Anthony Kirby mit fast denselben Worten noch einmal. Das Detail mit dem Fahrstuhl gehört zu den zahlreichen Querverweisen, die der Film enthält. Anthony Kirby, der tatsächlich ein reicher Mann ist, fährt in einer der ersten Einstellungen des Films mit einem Fahrstuhl in das obere Stockwerk seiner Firma, um seinem Direktorium von einem geschäftlichen Erfolg zu berichten. Am Ende des Films wird er angesichts der wartenden Direktoren diesen Fahrstuhl nicht verlassen, sondern wieder mit ihm abwärts fahren.

Tony Kirby kann Alices Familie durchaus verstehen. Als Schüler wollte er mit einem Kameraden die Auswertung der kinetischen Energie von Gras erforschen. Damals waren beide so erregt darüber, dass sie zu schlafen vergaßen. Jetzt verkauft der Freund Autos. Er ist verheiratet und seine Frau hat gerade ein Baby bekommen. Gelderwerb und Familienleben zerstören die jugendlichen Träume von einem unbürgerlichen, einem von Neugier und Lust bestimmten Leben. Capra wiederholt diese Einsicht aus dem Mund eines Kirby, der damit schon auf dem Weg ist, die Seiten zu wechseln.

Ein äußerlicher Zufall steuerte ein charakterisierendes Detail bei, das man sich nicht besser ausdenken hätte können. Lionel Barrymore litt zur Zeit der Dreharbeiten an Arthritis. Capra bandagierte sein Bein und verlieh ihm kurzerhand Krücken. Auf diesen, die ihn nun auch physisch, mit unmittelbarer visueller Eindrücklichkeit als den „Armen“ ausweisen, humpelt Grandpa Vanderhof durch den Film. (Einige Jahre später, in *It's A Wonderful Life*, wo Barrymore den „Bösen“ spielt, thront er den Film hindurch satt und dominierend in einem Rollstuhl.)

Nicht nur die Zuschauer im Kino, auch die Nachbarn der Vanderhofs im Film selbst lieben die Verrückten, von denen die Rebellion ausgeht. In einer komödiantischen Szene, die einer berühmten Szene aus Howard Hawks' Meisterwerk *Bringing Up Baby* ähnelt, das ein halbes Jahr zuvor in die Kinos gekommen war, hat selbst Alice, schon wegen ihrer Zwischenposition in der Konstruktion der Handlung die „Normalste“ unter den Vanderhofs, ohne ihr Wissen eine Pappe umhängen, die sie als „Nuts“, als „verrückt“ also, kennzeichnet. Im konkreten Fall (und ganz im Interesse der Nachbarn) richtet sich die Rebellion gegen den Aufkauf der Häuser, der notwendig eine Delogierung der alteingesessenen „neighbourhood“ zur Folge hat. Äußerlicher Grund für Grandpa Vanderhofs Weigerung ist, dass schon seine verstorbene Frau, die Großmutter von Alice, die ihr ähnlich sieht, in diesem Haus gewohnt hat und ihr Duft darin noch zu riechen ist. Es ist ein symbolischer Ort. Das Täfelchen mit der Aufschrift „Home Sweet Home“ fällt denn auch, als *running gag*, regelmäßig von der Wand. Das Idyll ist eine wackelige und stets gefährdete Angelegenheit. Grandpa Vanderhofs sanfte Rebellion richtet sich freilich gleichermaßen gegen den Staat wie gegen das Kapital. Einkommenssteuer bezahlt er nicht, weil er „nicht daran glaubt“.

Ein einfacher dramaturgischer Trick sorgt für den eigentlichen Eklat im Zentrum des Films. Die Kirbys, die eingeladen wurden, um die Familie[54] der potenziellen Schwiegertochter kennen zu lernen, kommen einen Tag zu früh und treffen die Vanderhof-Kommune nun im maximalen Chaos an. Bürgerlichkeit trifft auf Anarchie. Die Kirbys sind, wie es nach ihrem Wertesystem für solch einen Anlass vorgeschrieben ist, überkorrekt gekleidet. Anthony Kirby, der Magenprobleme hat, will mit Anstand über die antizipierte Bewirtung hinwegkommen. Schon um die Wandlung Kirbys, die noch bevorsteht, glaubhaft zu machen, muss ihm Capra wenigstens einen sympathischen Zug verleihen. Den erhält er, ex negativo, indem seine Frau (Mary Forbes) noch ausgeprägtere Standesdünkel signalisiert als ihr Mann. Wenn sich Kirby, beiseite, darüber freut, dass Penny Sycamore zu Mrs. Kirby sagt, jeder wisse doch, dass Okkultismus Schwindel sei, verrät sein Lächeln, dass er diese Meinung teilt und wohl schon mehrfach erfolglos geäußert hat. Hier dient ein misogynes Muster dazu, Kirby zugleich als den rationalistischen Geschäftsmann und als den Ehemann zu charakterisieren, der, von seiner Gattin eingeschüchtert, der Schützenhilfe von außen bedarf, um seine Ansicht durchzusetzen.

Durch ein Versehen landen nun beide Familien, die Vanderhofs und die Kirbys, im Gefängnis. Hier bekommt ein Dingsymbol, das bereits mehrfach aufgetaucht ist, erstmals auffällige Bedeutung: eine Mundharmonika. Anthony Kirby hat sie in seiner Jugend gespielt, Grandpa Vanderhof spielt sie immer noch – und bekam im Film von Alice eine geschenkt. Unmittelbar nach Grandpas Versicherung, dass er mit seiner Arbeit, die er vor fünfunddreißig Jahren aufgegeben hat, keinen Spaß, kein „fun" hatte, bietet er Kirby seine Mundharmonika an mit den Worten: „You used to play one yourself."[55] Und Grandpa ergänzt mit den Worten, die den Filmtitel enthalten: „Maybe it would stop you trying to be so desperate about making more money than you can ever use. You can't take it with you, Mr. Kirby. So what good is it? From what I can see, the only thing you can take with you is the love of your friends."[56] Geld versus Freunde. Der einsame Reiche gegen den von allen geliebten Armen. Ein Klischee – aber welch eine Meisterschaft in der Ausführung!

Vorausgegangen sind zwei kurze Szenen, die die Relativität des Klassenunterschieds einerseits und seine Grausamkeit andererseits ins Bild setzen. Mrs. Kirby in ihrem weißen Pelz wird von den Huren in der Zelle für eine der Ihren gehalten, die es besonders weit gebracht hat. Und als Anthony P. Kirby eine Zigarre, aus der er nur einen Zug gemacht hat, auf den Boden wirft, stürzen sich die mitinhaftierten Armen darauf – auf das seit dem sowjetischen Stummfilm und durch zahlreiche Karikaturen konventionalisierte Symbol des Kapitalisten – wie eine hungrige Meute auf ein Stück Brot. Als Kirby die ihn umgebenden Gestalten in der Gefängniszelle dann als „scum", als „Abschaum", bezeichnet, verliert der stets freundliche Grandpa Vanderhof zum ersten Mal seine Beherrschung:

> Scum, are we? What makes you think you're such a superior human being? Your money? If you do, you're a dull-witted fool, and a poor one in fact. You are poorer than any of these people you call scum. Because I'll guarantee at least they have some friends. But you with your jungle and your long claws, as you call them, you'll wind up your miserable existence without anything you can call a friend. You may be a high mogul to yourself, Mr. Kirby, but to me you're a failure, failure as a man, failure as a human being – even failure as a father! When your time comes, I doubt that a single tear will be shed over you.[57]

Das Hohelied auf die Freunde, die durch nichts zu ersetzen seien, wird alsbald bestätigt, wenn die Nachbarn mit kleinen Spenden die Summe zusammenbringen, zu der Grandpa vom Gericht verurteilt wird. Dieses Motiv der „kleinen Leute", die mit wenig Geld und viel Hilfsbereitschaft jemandem aus der Patsche helfen, der in Schwierigkeiten geraten ist, zieht sich durch mehrere Filme Frank Capras, am deutlichsten, neben *You Can't Take It With You*, durch *Ame-*

rican Madness und *It's a Wonderful Life*. Eine Umverteilung des Reichtums, gar eine revolutionäre Veränderung der Eigentumsverhältnisse kommt Capra nicht in den Sinn. Nicht Klassenkampf oder gewaltsame Enteignung – Einsicht soll zu mehr Gerechtigkeit führen. Nur einmal, ganz sachte, setzt Alice zu so etwas wie einem Klassenstolz an: „Well, I've decided that it's your family that isn't good enough! I wouldn't be related to a bunch of snobs like that for anything in the world!"[58]

Und so besteht die Lösung für den Konflikt zwischen Arm und Reich für Capra darin, dass die Reichen einsehen, dass sie nicht um des Geldes willen andere ins Unglück stürzen dürfen. In *You Can't Take It With You* tut Anthony P. Kirby das exemplarisch. Und Capra macht es ihm leicht. Denn der ganze Film diente schließlich dazu, dem bekehrten Sünder zu beweisen – und die Mundharmonika, die ihm Grandpa in die Tasche gesteckt hat, dieses Symbol einer glücklicheren Kindheit, erinnert ihn daran –, dass es für ihn selbst besser ist, wenn er sein bisheriges Leben (wenn auch nicht unbedingt seinen Reichtum) aufgibt. Ihm voraus ist bereits der ruinierte Konkurrent Ramsey gegangen, ein „steinerner Gast", der seinem Vernichter zuruft, was der eigentlich mittlerweile hätte begreifen können:

> I have suddenly realized I haven't lost a thing – that I never got a moment's happiness out of it! [...] You'll scream for help – and suddenly find yourself alone in the world! [...] I know! Because that's what's happened to me. And it'll happen to you! That's what happens to all men like us. It's coming to us![59]

Damit hat sich Capra letzten Endes als guter Amerikaner bewährt. Die Eigentums- und Machtverhältnisse stellt er nicht in Frage.[60] Es reicht, wenn die Vermögenden ein wenig sozial denken, sich ein klein wenig dem unbürgerlichen und lustvollen Leben der Vanderhofs annähern – und sich dabei ganz nebenbei das Magengeschwür oder den Herzinfarkt ersparen. Richard Griffith attestiert Capra eine „fantasy of goodwill".[61] *You Can't Take It With You* liefert geradezu das Paradigma der amerikanischen Ideologie.[62] Gewiss, der Topos vom „armen Reichen" ist uralt. Er zieht seine Spur von der Bibel über das Volksmärchen und das Wiener Volkstheater bis hin zum Trivialschwank und zur Seifenoper unserer Tage. Der „arme Reiche" muss herhalten, wo der Unterschied zwischen Arm und Reich nicht beseitigt werden kann, nicht beseitigt werden soll. Die Funktion der Legende ist offensichtlich: Mit ihr will man die Armen, wollen die Armen sich selbst über ihre reale Situation hinwegtrösten. Wenn, entgegen allen Erfahrungen, der Reiche „dafür" unglücklicher ist als der Arme, scheint die (göttliche) Gerechtigkeit wieder hergestellt, bleibt der soziale Friede gewahrt. Die Reichen, die nicht begreifen, was Frank Capra seinem Anthony P. Kirby einsagen lässt, enden elend und einsam wie Citizen Kane bei Orson Welles oder Smith Ohlrig in *Caught* von Max Ophüls – 1948 nicht zufällig in den USA entstanden. Das ist die Umkehr der Aufstiegs- und Erfolgsstories à la *A Star Is Born* oder *42nd Street*, die, wiederum nicht zufällig, im Milieu des Showbusiness spielen, wo die kapitalistischen Mechanismen punktuell außer Kraft gesetzt sind. Wer es nicht schafft, soll – so lautet die Botschaft – nicht neidisch sein auf die Reichen, denen das Schicksal schließlich so übel mitspielt.

Kurz vor Schluss von *You Can't Take It With You* spielen Grandpa und Kirby, Arm und Reich im Duett auf der Mundharmonika. Der soziale Frieden ist gerettet. Nun können alle, die Vanderhofs und die Kirbys, im Tischgebet vereint, das gemeinsame Mahl einnehmen. Die Lebensklugheit der Aussteiger hat gesiegt. Im Film jedenfalls.

Alain Tanner: *Messidor*

Wenn man viel hat, glaubt man, mit wenig auskommen zu können. Die Illusion der Reichen. Man muß die fragen, die wenig haben. Nur die wissen, wie viel man braucht.
Martin Walser: *Meßmers Reisen*

Alain Tanners *Messidor*[63] von 1978 beginnt mit einem fast dreiminütigen Flug über die Schweiz hinweg. Zunächst sieht man sommerliche Felder und Wälder, wie aus dem Bilderbuch. Nach und nach wird die Landschaft von Autobahnen durchschnitten, bis ein Gewirr von Betonstreifen das Bild beherrscht. Nun aber nähert sich die Kamera dem Gebirge, einer wilden, menschenleeren Szenerie wie aus einem Werbefilm der Schweizer Tourismusagenturen. Diese *establishing shots* werden konterkariert durch eine Frauenstimme, die aus Schuberts *Winterreise* das gerne thematisch genutzte Eingangslied *Gute Nacht* („Fremd bin ich eingezogen") singt. Die Schweiz in ihrer gestörten Klischeehaftigkeit und die Fremdheit darin: ein Hauptmotiv des Films ist gleich zu Anfang exponiert.

An einer verkehrsreichen Ausfahrtsstraße von Lausanne begegnen einander die städtische Studentin Jeanne (Clémentine Amouroux) und die auf dem Land lebende Verkäuferin Marie (Catherine Rétoré) beim Anhalten. Schon der erste Autofahrer, der sie mitnimmt, belehrt sie, satt und selbstzufrieden in einer Großaufnahme von der Seite gezeigt: „So blöde Typen wie ich, die arbeiten, halten drei Viertel der Bevölkerung aus, die nichts tun will."[64] Dass Jungs studieren, findet er in Ordnung, „aber die Mädchen ...". Jeanne, mit Marie außerhalb des Blickfelds des schwadronierenden Fahrers auf dem Rücksitz leidend, widerspricht dem Geschwätz in rüden Worten. Die Mädchen werden aus dem Wagen „geschmissen“. Marie findet richtig, was Jeanne gesagt hat, sie sei aber „zu weit gegangen“. Die emanzipierte Intellektuelle und die angepasstere Angestellte: zwei unterschiedliche, sozial bedingte Reaktionen von Frauen, die einer Generation angehören, werden hier auf den Punkt gebracht. „Mädchen wie du schaffen's immer. Die schlagen sich irgendwie durch“, sagt Marie etwas später zu Jeanne. „Was meinst du mit ‘Mädchen wie ich’?“, fragt Jeanne. Und Marie erwidert: „Ich meine Studenten, ihr Leute aus der Stadt.“ Darauf Jeanne: „Blödsinn. Das besagt gar nichts. Es gibt nur zwei Kategorien: Idioten und Normale. Ein Idiot bist du nicht.“

Marie spürt sehr genau, dass sie in der Klassengesellschaft zu den Benachteiligten gehört. Eine Studentin ist für sie – schon wegen der für sie utopischen drei Monate Ferien – eine Privilegierte. Geld, so vermutet sie später, bedeute Jeanne nichts, weil sie es mit ihrem Kopf verdiene. Jeanne hingegen fühlt sich subjektiv nicht privilegiert und schwindelt sich über den Klassengegensatz hinweg, indem sie ihre eigene Klassifikation deklariert. Der Begriff „Idiot“ verweist zurück auf den Autofahrer, den sie mit diesem Wort beschimpft hat, und damit auf die Klasse der Männer einerseits und der vorurteilsgeprägten Großbürger andererseits. In der Opposition gegen diese beiden Klassen bilden Jeanne und Marie tatsächlich eine Einheit, eine eigene „Kategorie“.

Die beiden wollen kurzfristig aus ihrem Alltag ausbrechen und beschließen, irgendwohin zu trampen. Gemeinsam streifen sie in der Folge kreuz und quer durch eine Schweiz, die sich ihnen ganz anders – fremd eben – darstellt als dem Betrachter von Tiefdruckprospekten. In langen Einstellungen, mit langsamen Schwenks und sanften Übergängen wird zunächst noch eine Erinnerung an das Bild einer friedlichen, menschenfreundlichen Schweiz beschworen. Von einem

Gendarmen nach ihren Personalien befragt, gibt Jeanne sich und Marie den Familiennamen Messidor. So heißt im Kalender der Französischen Revolution der erste Sommermonat.[65] In der folgenden Sequenz versuchen zwei Männer Jeanne zu vergewaltigen. Marie eilt zu Hilfe und schlägt mit einem Stein auf einen der Männer ein.

Bald darauf geht den Mädchen das Geld aus. Und nun müssen sie nach und nach die Erfahrung machen, die bereits Bertolt Brecht und vor ihm Villon formuliert haben: „Nur wer im Wohlstand lebt, lebt angenehm." Die Schweiz ist nicht eingerichtet für Menschen, die nicht bezahlen können.

Aus dem Handschuhfach eines Gendarmen, der die Anhalterinnen in seinem Auto mitnimmt, stehlen sie eher zufällig als absichtsvoll eine Pistole, die Alain Tanner unmissverständlich als Phallussymbol ins Bild setzt. Als Betteln nichts nützt, „berauben" sie mit ungeschickt vorgehaltener Pistole eine Verkäuferin um Lebensmittel. Mit der Pistole schüchtern sie auch einen Bauern ein, in dessen Stall sie übernachtet haben und der sie des Diebstahls verdächtigt. Mit der von Geld bestimmten Welt kontrastiert ein Hippiepärchen, das in einer kurzen Szene umstandslos sein Essen mit den beiden Mädchen teilt. Diese Gegenutopie wird ergänzt durch eine Sequenz hoch oben in den Bergen, in der die beiden Mädchen sich körperlich einander annähern. Noch einmal treffen sie auf die uneigennützige Hilfsbereitschaft zweier junger Motorradfahrer und einer wohlhabenden Hauseigentümerin.

Nun aber beginnt die Gewalt zu eskalieren. Über das Fernsehen als Verbrecherinnen gesucht, nützen die Mädchen die Pistole gezielt, um einer Verhaftung zu entgehen. Noch einmal scheint es buchstäblich einen Aus-Weg zu geben. An einer Tankstelle in einer trostlosen Umgebung, die ikonographisch wie ein Zitat aus Wim Wenders' *Alice in den Städten* wirkt, fährt in einem amerikanischen Riesenschlitten ein Unbekannter vor, der – auch er an Wenders erinnernd – nach Kalkutta will und die zwei Mädchen mitnimmt unter der Bedingung, dass er sich nicht mit ihnen unterhalten muss. Wieder geht es ins Gebirge, an einem Bergsee vollführt Jeanne einen exotischen Freudentanz, doch vor der Grenze verlassen die beiden Mädchen das Auto und bleiben zurück.

Bei ihren Irrfahrten in einem schmucken Dorf angekommen, sagt Jeanne, scheinbar unmotiviert: „Ich hasse dieses Provinznest. Ich hasse die hübschen kleinen Dorfhäuser. Ich hasse das – alles!" Die Ereignisse haben aus der Studentin eine Rebellin gemacht. Sie hat erkennen müssen, wie tödlich die idyllische bürgerliche Ordnung ist, die alles dulden kann, nur nicht den „Mangel an Geld/ Was das größte Verbrechen ist/ Das auf dem Erdenrund vorkommt"[66].

Es gibt in der Filmgeschichte eine Reihe von Filmen, die sich auszeichnen durch eine streng komponierte Coda, eine zelebrierte, fast quälende Langsamkeit, mit der alles unaufhaltsam auf das tragische Ende zuläuft. Michelangelo Antonionis *Professione: Reporter* von 1975 gehört dazu und eben auch *Messidor.*

Die besondere Tragik des Schlusses von *Messidor* besteht darin, dass ein (auch innerhalb der Logik der Story) Unschuldiger zum Opfer eines Mordes wird. Die – anonymisierte, im Bild nicht sichtbare, nur als Schuss hörbare – mörderische Gewalt entlädt sich gegen einen der Denunziation Verdächtigten, nicht gegen den wirklichen Denunzianten – was dem Zuschauer, nicht aber Jeanne und Marie bekannt ist. Genau dies aber entspricht der inneren Logik der Geschichte: Die Gewalt hat sich verselbstständigt, erlittene und ausgeübte Gewalt stehen im konkreten Fall in keinem ursächlichen Zusammenhang mehr. Das unterscheidet *Messidor* von den zahlreichen Rächerstories der Filmgeschichte und macht die gesellschaftskritische Brisanz aus. Die letzte lange Einstellung gehört einmal mehr dem aggressiven Lärm des vorbeifahrenden Straßenverkehrs in einer nichts weniger als idyllischen Schweiz.

Manifeste Gewalt wird in Alain Tanners Meisterwerk ausgewiesen als Folge der strukturellen Gewalt in einer auf der Allgegenwart des Geldes basierenden bürgerlichen Gesellschaft. *Messidor* ist, darin ein eindrucksvolles Zeugnis der Zeit, in der es entstand, die filmische Entsprechung zu theoretischen Überlegungen Herbert Marcuses, die in den Jahren davor auf Teile der europäischen Linken einen nachhaltigen Einfluss ausgeübt hatten.

Dreizehn Jahre nach *Messidor* wurde in den USA ein Film gedreht, der sich zu einem feministischen Kultgegenstand auswuchs: *Thelma & Louise.* Die Ähnlichkeiten mit *Messidor* bis in kleinste Motive und ihre Anordnung hinein sind zu offensichtlich, um eine Koinzidenz glaubwürdig erscheinen zu lassen. Die einzige Alternative zum ordinären Plagiat wäre, dass die Macher ins Unbewusste verdrängt hätten, was sie zuvor irgendwo gesehen hatten, um es dann als scheinbar eigene Erfindung wieder aus dem Unbewussten hervorzukramen. Jedenfalls haben weder der aus England stammende, aber seit 1979 in den USA arbeitende Regisseur Ridley Scott noch Callie Khouri, die für das Drehbuch 1992 den Oscar erhielt, *Messidor* oder Alain Tanner jemals erwähnt.[67] Noch im Jahr 2001 behauptet Khouri, die Idee zu *Thelma & Louise* sei ihr zugeflogen („kind of came to me"), als sie nach Dreharbeiten zu einem Rockvideo um halb vier in der Früh vor ihrem Haus vorfuhr.[68] Sie wundert sich in diesem Gespräch – als sie immerhin Jahre Zeit gehabt hatte, sich an Tanner zu erinnern – sogar ausdrücklich darüber, dass niemand anderer diese Idee gehabt habe. Sie habe bloß gehofft, die Sache abgeschlossen zu haben, ehe jemand anderer daran denke.

Als mögliche Einflüsse nennt sie lediglich *Butch Cassidy and the Sundance Kid*, *Two Lane Blacktop*, *Vanishing Point* und *Lonely Are the Brave*.[69] Dass freilich *Thelma & Louise* so viel mehr Beachtung erlangte als *Messidor*, zeigt einmal mehr, wie sehr, um mit Wim Wenders und seinem Robert aus *Im Lauf der Zeit* zu sprechen, die Amis unser Unterbewusstsein kolonialisiert haben. Denn *Messidor* ist *Thelma & Louise* in jeder Hinsicht, politisch wie ästhetisch, überlegen.[70]

Wo *Messidor* genau inszeniert, gibt sich *Thelma & Louise* spektakulär, dramatisch aufgeladen. In *Messidor* nehmen Jeanne und Marie einem Mann, der sie erkennt, den Autoschlüssel weg. Thelma und Louise sperren den Mann, von dem sie sich erkannt glauben, in den Gepäckraum. Die Mädchen in *Messidor* schüchtern den Bauern, der sie denunzieren könnte, mit einer Waffe ein. Thelma und Louise sorgen für eine leinwandwirksame Explosion der Trucks. In *Messidor* erhält der Zuschauer nur indirekt, über das Fernsehen, Informationen über die Verfolgung der Mädchen. In *Thelma & Louise* sorgen die FBI-Aktivitäten für äußerliche Dramatisierung. Wo *Messidor* auf Langsamkeit setzt, läuft bei *Thelma & Louise* alles schnell ab. Wird dem Zuschauer von *Messidor* die Kamera bewusst gemacht, indem sich diese immer wieder verselbstständigt, vom Bildobjekt entfernt, so wird er in *Thelma & Louise* pausenlos von der Kamera überrumpelt. Das verbreitete (feministische) Vergnügen an *Thelma & Louise* ist ein naiv identifikatorisches, nicht ein Einsichten vermittelndes. In *Messidor* geht den Mädchen das Geld allmählich aus, in *Thelma & Louise* wird es ihnen geklaut – ein „Unfall“, der, anders als in *Messidor*, nicht in der Natur der Gesellschaft liegt. Bleibt die Polizei als Repräsentant der staatlichen Gewalt in der Schlusssequenz von *Messidor* anonym, so gibt es in *Thelma & Louise* den „guten“ Polizisten Hal.

In beiden Filmen kommt an zentraler Stelle und für die Handlungsentwicklung entscheidend eine Vergewaltigung vor. Aber wie unterschiedlich haben Alain Tanner und Ridley Scott sie in Szene gesetzt! Wo Tanner und sein Kameramann Renato Berta Distanz halten, sich diskret auf eine Totale beschränken, wird der Zuschauer von *Thelma & Louise* buchstäblich zum aufdringlichen Voyeur gemacht. In der amerikanischen Kritik wurde *Thelma & Louise* attestiert, der Film sei wahrhaftig gefährlich („truly dangerous"), ja neofaschistisch.[71] So überzogen dieser Vorwurf scheint, muss es doch zu denken geben, dass er einem in Bezug auf *Messidor* überhaupt nicht in den Sinn käme.

Eines der wenigen Motive, die Khouris Story nicht in *Messidor* finden konnte, ist eine leidenschaftliche Liebesnacht Thelmas mit Brad Pitt kurz nach der Vergewaltigung. Callie Khouri verteidigt diese Szene mit dem Argument, sie habe diese beiden Erfahrungen in ihrem Kopf in keinerlei Zusammenhang gebracht. Man könne nicht jede schlechte Erfahrung, die man mache, auf jede gute Erfahrung übertragen.[72] Das klingt verdammt nach Sekundärrationalisierung. Während Khouri mit dieser Szene exakt der reißerischen Dramaturgie Hollywoods folgt, macht Tanner die nachhaltige Beschädigung deutlich, die eine Vergewaltigung bewirkt. Sie ist eben mehr als ein sexuelles Ereignis, das sich durch „guten Sex" wieder aufheben lässt.

Es lohnt sich auch, die beiden Schlüsse zu vergleichen, in denen die Motive von Flucht, Verhaftung und Tod eine komplexe Einheit bilden. Der Tod wird bei Tanner als moralische Flucht aus einer unmoralischen Gesellschaft transzendiert. Jeanne und Marie werden abgeführt und verschwinden aus dem Bild. Bei Ridley Scott friert das letzte Bild vor dem Abspann ein: es zeigt das Auto der Titelheldinnen, die sich der Verfolgung entziehen, indem sie sich spektakulär in den Grand Canyon stürzen, selbstmörderisch und metaphysisch siegreich zugleich. An die Stelle einer hochpolitischen Kritik an der bürgerlichen Gesellschaft ist nun endgültig ein amerikanischer Reißer getreten, gut genug, einem völlig unpolitischen Feminismus als Bestätigung des eigenen Opferstatus und als triumphale Überlebensapotheose zugleich zu dienen.[73] Dazu passt, was Ridley Scott nach eigener Aussage an *Thelma & Louise* am glücklichsten gemacht hat: „That we'd made a funny film. The politics really were secondary to that. I just enjoyed the hell out of making a comedy, and discovering that I could make it look good at the same time."[74] Ein komischer Film, der gut aussieht: was „the hell" braucht man mehr in Amerika?

Der Stoff ist im Übrigen aus den USA nach Europa zurückgekehrt. In dem wenig beachteten Film *Burning Life* mit Maria Schrader und Anna Thalbach hat Peter Welz 1994 noch einmal die Idee von *Messidor* und *Thelma & Louise* variiert und seine Geschichte von Anna und Lisa in den Osten des wiedervereinten Deutschland verlegt.

Ken Loach: *My Name is Joe*

> *Denn die schriftstellerische Objektivität erfordert eine ganz bestimmte Art von Sympathie für die zu beschreibenden Menschen, eine literarische Sympathie, deren sich unter Umständen auch ein Schuft erfreuen kann. Aber mein privates Herz schlägt in einer sentimentalen (und jüngst wieder unmodern gewordenen) Weise für die kleinen Wesen, denen man befiehlt und die gehorchen, gehorchen, gehorchen, und läßt mich selten zu der Objektivität für die großen gelangen, die befehlen, befehlen, befehlen.*
>
> Joseph Roth: *Der Patron*

Wenn man die deutsche Filmproduktion der 1990er Jahre ansieht, könnte man meinen, in Deutschland gebe es nur Schickimickibürger, die sich in italienischen Nobelrestaurants amüsieren, und ausgeflippte Jugendliche am Rande der Drogenszene, die nichts anderes zu tun haben als verliebt zu sein und Musik zu hören. Arbeitslosigkeit und Zechenschließungen, Alltag am Fließband und im Büro oder Familiensorgen wegen steigender Schulden kommen im deutschen Spielfilm so gut wie nicht vor. Wenn Arbeiter auftreten, so in der Regel in Filmen von Einwandererkindern. Anders in Großbritannien. Der Spielfilm der Thatcher-, Major- und Blair-Ära hat sich mit Nachdruck dem proletarischen Milieu gewidmet, den Unterprivilegierten in der Gesellschaft voll Sympathie, aber keineswegs humorlos zugewandt. Seit dem italienischen Neoverismo der 1940er Jahre und der Neuen tschechischen Welle der 1960er Jahre hat sich keine nationale Filmkultur so nachdrücklich und so vielfältig mit dem Proletariat beschäftigt wie die britische. Und innerhalb des britischen Films hat das keiner konsequenter und überzeugender getan als Ken Loach. Ein großer Teil seiner Dokumentar- und Spielfilme fürs Kino wie fürs Fernsehen widmen sich dem Arbeitermilieu.

In *My Name is Joe*[75] von 1998 bedient sich Ken Loach einer Reihe von Verfahren, die sich zuvor schon in *Riff-Raff*, *Raining Stones* und *Ladybird, Ladybird* bewährt hatten: eines dokumentarischen Stils, der genauen Figurencharakterisierung, einer Mischung von Komik und ernsthafter Gesellschaftskritik. In all diesen Filmen zeigt Loach Menschen, die man gemeinhin und missverständlich als „einfache Menschen" bezeichnet. Und immer haben sie bei Loach Klassenbewusstsein, Klassenstolz, immer demonstriert der Regisseur die Notwendigkeit und den Triumph der Solidarität, die auch in seinen „exotischen" Filmen – *Land and Freedom*, *Carla's Song* – eine zentrale Rolle spielt. Darüber befragt, ob seine Filme dialektisch seien, sagte Ken Loach:

> „They're often about people's attempts to be articulate or to come to some understanding of their situation; their attempts to develop a class consciousness, and the attempts of the people who try to lead them away from a class consciousness toward collaboration and accepting their lot or toward fighting and struggling."[76]

Joe Kavanagh (Peter Mullan) war Alkoholiker. Seit einiger Zeit ist er trocken. Er ist arbeitslos und Trainer der „schlechtesten Fußballmannschaft in Glasgow", deren Trikots die Namen der Spieler der deutschen Nationalmannschaft tragen. Die Stadtlandschaft, die die Kulisse bildet, ist bereits aus anderen Loach-Filmen bekannt: düstere Reihenhäuser, durch das Teleobjektiv noch enger aneinandergerückt, oder die Hochhäuser der Wohnghettos, dazwischen Grünflächen, die in ihrer Kargheit nur noch grau und braun wirken.

Joe lernt die Sozialarbeiterin Sarah (Louise Goodall) kennen. Zusammen mit seinem Freund Shanks (Gary Lewis) macht er sich daran, ihre Wohnung zu tapezieren. Auf die Frage, wer in der Wohnung über ihr wohne, sagt Sarah: „A couple o'students ..." Worauf Joe und Shanks – ähnlich reagierend wie Marie in *Messidor* – nur ihre Köpfe schütteln und wiederholen: „Students ..."[77] Als ein Spitzel Joe und Shanks bei der Schwarzarbeit photographiert, stürzt Joe auf ihn zu, und als der Spitzel seine Kamera nicht herausrücken will, beschmiert Joe sein Auto mit Malfarbe. Eine Anzeige kann er abwimmeln, weil Sarah entgegen der Wahrheit bezeugt, er habe aus Freundschaft und ohne Bezahlung für sie gearbeitet: der Anfang einer wunderbaren Solidarität.

In Joes Wohnung schaltet Sarah den Kassettenrecorder ein. Beethovens Violinkonzert legt sich magisch über die folgenden Bilder und dämpft alle übrigen Geräusche. Joe erzählt, wie er zu dieser Kassette gekommen ist: Im Suff klaute er einmal im Musikladen einen Stapel Kassetten. Anschließend verkaufte er sie im Pub, nur diese, das Violinkonzert von Beethoven, wollte niemand haben. Zu Hause hat er die Kassette dann angehört und die Musik liebgewonnen.

Diese emotional aufgeladene Szene ist von Bedeutung für die Botschaft des Intellektuellen und Künstlers Ken Loach, der mit dem Proletariat sympathisiert. Sie macht sinnlich erfahrbar, was den Arbeitern vorenthalten wird, was sie gemeinhin gar nicht erst kennen lernen: die bürgerliche Kultur. Und sie vermittelt eindringlich, dass Arbeiter diese Kultur durchaus genießen können, wenn sie ihr, wie Joe, unerwartet, durch einen Zufall, begegnen. Was für die Bourgeoisie oft nur noch Statussymbol ist, wurde für Joe „magic".

Diese Szene hat im Übrigen einen Vorläufer – in einem DDR-Film von 1972! In Heiner Carows *Legende von Paul und Paula* bricht die Titelheldin, eine einfache Angestellte in einem Supermarkt, in Tränen der Begeisterung aus, als sie bei einem Freiluftkonzert genau dieses Stück, Beethovens Violinkonzert, hört. Der „cultural gap" wird hier dadurch versinnlicht, dass Paula zwischen den Sätzen applaudiert. Paul weist sie unwirsch zurecht, doch nach und nach nehmen die anderen Zuhörer und schließlich auch Paul ihr Beispiel auf und spenden klatschend Beifall.

In einer späteren Szene von *My Name is Joe* gerät Sarah in Panik, als ihr Joe einen Ring schenkt. Er kann ihre Reaktion nicht begreifen, wirft den Ring in einen Bach, und dazu hört man eine Musik, deren Quelle erst in der folgenden Sequenz sichtbar wird: Beethovens Violinkonzert. Will sagen: Die Regeln, die für das Bürgertum gelten, sind hier nicht anwendbar. Wenn Joe symbolisch tut, was im Bürgertum – und übrigens in Tausenden verlogener Hollywood-Filme – als Inbegriff der Beglückung gilt, wenn er Sarah die Ehe anbietet, verhält diese sich emanzipiert. Das Liebesverhältnis, das sie mit Joe hat, eine fünfwöchige Bekanntschaft – sie reichen nicht aus als Grundlage für ein Eheversprechen.

Ken Loach romantisiert die Wirklichkeit nicht. Mit einem kruden Realismus, der an seinen frühen Kinofilm *Family Life* erinnert, inszeniert er zum Beispiel eine Sequenz, in der die drogensüchtige Sabine (AnneMarie Kennedy) aus dem Sozialamt verjagt wird, weil sie sich dort ungebührlich beträgt und einen Rezeptblock zu stehlen versucht.

Um Sabines Mann Liam (David McCay), der von dem Dealer McGowan (David Hayman) erpresst wird, auszulösen, erklärt sich Joe bereit, zwei Drogentransporte zu erledigen. Als Sarah von Joes Abmachung mit McGowan erfährt und feststellt, dass er sie belogen hat, kann sie dafür kein Verständnis aufbringen. Ihrem bedingungslosen Wunsch nach einer auf Vertrauen basierenden Beziehung steht sein

Prinzip gegenüber, einem bedrohten Freund notfalls auch mit kriminellen Mitteln zu helfen. In der entscheidenden Auseinandersetzung mit Sarah sagt Joe:

> We don't all live in this nice tidy world of yours ... You know, somebodys can't go tae the polis ... Somebodys can't go to the bank and get a loan ... Somebodys can't just move hooses and fuck aff over here ... Somebodys don't have another choice ... I didn't have a fuckin' choice ...[78]

Am Ende gibt es einen Toten. In *Raining Stones* war es noch der „Böse", der Kredithai, der getötet wurde, und der Beichtvater des Protagonisten, der den Tod verschuldet hat, rät ihm, sich nicht der Polizei zu stellen. Er akzeptiert, ganz gegen das Klischee, die Priorität des moralischen Rechts gegenüber dem Recht des Staates. Solchen Trost hat *My Name is Joe* nicht zu bieten. Es ist Liam, das ewige Opfer einer ungerechten Gesellschaft, der am Ende zu Grabe getragen wird. Der einzige Trost, mit dem der Zuschauer aus dem Kino entlassen wird, ist dieser: Sarah hat in der letzten Einstellung offenbar begriffen, dass die Welt nicht so eingerichtet ist, wie sie es sich gewünscht hatte. Zusammen mit Joe verlässt sie den Friedhof.

Ken Loach hat in einem am Dokumentarfilm geschulten Realismus den adäquaten Stil für seine Geschichten gefunden. Damit steht er in diagonalem Gegensatz zu seinem Landsmann Peter Greenaway. Man muss sich nicht grundsätzlich für die eine oder die andere Option entscheiden, um anzuerkennen, dass Loach sich immerhin über die ideologische Bedeutung von bestimmten Techniken Gedanken gemacht hat.[79] Seine Abneigung gegen Zooms hat er mit der für ihn charakteristischen Logik so begründet: „If you give people space, it gives them a dignity."[80] Und er beklagt sich über die Kritiker: „The critics will examine the brush strokes, but they won't stand back and see the content of the painting."[81]

Rockmusik

Die Rockmusik war von Anfang an Ausdruck einer antibürgerlichen Haltung. Daran ändert auch die Tatsache nichts, dass sie bald von Bürgerkindern rezipiert wurde. Sie nutzten den rebellischen Gestus dieser Musik, um gegen das Milieu ihrer bürgerlichen Eltern aufzubegehren. Sie machten diese Musik zu einer „Generationensprache", mit der sie sich von der konventionalisierten Sprache der Bourgeoisie abgrenzten. So ist es von Bedeutung, dass der politische Protest der Studentenbewegung und die Vorliebe für Rockmusik Hand in Hand gingen.

Die Rockmusik war aus Vorläufern geboren worden, die „unten", bei den sozial Deklassierten beheimatet waren: aus dem Blues der amerikanischen Slums, aus dem frühen Jazz der Bordelle, aus den Work Songs der Sträflinge. Sie mischte sich mit der Country Music des antiurbanen weißen Kleinbürgertums der USA und verleugnete zunehmend ihre schwarze Herkunft, aber bis zur Eingemeindung in das Kulturverständnis der Bourgeoisie sollte es ein paar Jahrzehnte dauern. Für die 68er-Generation gab es keine Grenze zwischen dem Engagement für die vom amerikanischen Establishment mit einem Krieg überzogenen Vietnamesen und für die in den USA selbst diskriminierten Schwarzen. Rockmusik und Bürgerrechtsbewegung hatten gemeinsame antirassistische und antibürgerliche Wurzeln. Bis heute ist es ja offensichtlich, dass rassische und soziale Diskriminierung in den USA, wo es mehr Afroamerikaner in den Gefängnissen gibt als an den Hochschulen, eine Einheit bilden. Im Zeichen der allgemeinen Amerikanisierung fanden auch die amerikanischen Ausdrucksformen des Protests universelle Verbreitung.

Die Bürgerschreckpose beschränkte sich nicht auf die Musik. Immer wieder gab es Rockkünstler, die auch in ihren Texten an antibürgerliche Traditionen anknüpften, an plebejische wie an avantgardistische, etwa des Dada: Frank Zappa wäre da zu nennen, Country Joe McDonald, Tuli Kupferberg, Edgar Broughton, David Peel oder, im deutschen Kontext, etwa Floh de Cologne, aber auch Hotzenplotz oder Amon Düül. (Die *Singer Songwriter* von Buffy Sainte-Marie bis Bob Dylan und die Liedermacher von Franz Josef Degenhardt bis Konstantin Wecker seien nur am Rande erwähnt. Hier geht es in erster Linie um Rock. In einer Anthologie der bürgerkritischen Texte dürften freilich *Little Boxes* von Malvina Reynolds und die sarkastischen Songs von Randy Newman oder Tom Waits ebenso wenig fehlen wie die Chansons von Georges Brassens oder die Flugblattlieder Walter Moßmanns und die *Proletenpassion* der Schmetterlinge.)

Man hat den weißen Rock'n'Rollern gelegentlich und nicht ohne Grund vorgeworfen, sie seien die parasitären Nutznießer der schwarzen Kultur, während die Schwarzen nur in wenigen Fällen die Früchte der Kommerzialisierung ihrer Traditionen ernten konnten. Einer der wenigen weißen Rocksänger, die sich zumindest vor jenen verneigt haben, denen sie ihren Erfolg verdanken, war Eric Burdon. Berühmt geworden war er mit der Bearbeitung eines alten Lieds, das in seiner ursprünglichen Version aus der Perspektive einer Prostituierten spricht. Mit seiner Gruppe The Animals machte er *The House Of The Rising Sun* zu einem Hit, wie es nur wenige gibt. Ende der 1960er Jahre jedoch versuchte Burdon nicht mehr, die Musik der Schwarzen zum damals gängigen Beat umzumodeln, sondern er begab sich zurück zu den Wurzeln, von denen der Rock ebenso wie der Jazz bis heute zehrt.

Im Jahr 1969 erschien eine der sensationellsten Platten der Rockgeschichte. Ihr Titel: *Eric Burdon declares „War“*. Das ist ein Wortspiel. Denn Eric Burdon stellt mit dieser

Platte die Gruppe War vor. Und er erklärt den Krieg. Er erklärt ihn dem Vergessen, dem Verlust von Geschichte, der Bewusstlosigkeit.

Diese Platte hat 1969 viele süchtig gemacht. Aber sie machte anders süchtig als später Velvet Underground oder kurz davor *In-A-Gadda-Da-Vida* von Iron Butterfly. Dies war keine lähmende Faszination, was von Eric Burdon ausging, nicht der betörende Charme der Dekadenz, sondern eine ermutigende Kraft, ein vorantreibender Optimismus. Das hing zusammen mit der Energie, die Burdon auch flüsternd noch vermittelte, mit jener rhythmischen Präzision, die einen bei jeder Synkope aus dem Sessel hob.

Eric Burdon declares „War" ist eine einzige grandiose Hommage an den Blues. Sie ist es in doppelter Hinsicht: einmal, indem sie diese Tradition in durchaus moderner Weise aufnimmt und weiterführt, und dann, indem sie diese Tradition ausdrücklich zu ihrem Thema macht. Das unterscheidet die Musik Eric Burdons von jenen späteren Richtungen des Rock, die ihr Gedächtnis verloren haben. Eric Burdons Musik war revolutionär; der Punk der 1970er Jahre war dagegen putschistisch.

Die Platte *Eric Burdon declares „War"* beginnt mit einer Widmung. Noch ehe Burdon einsetzt, erinnert Lonnie Jordan aus der schwarzen Gruppe War mit einer fulminanten Klavier-Introduktion an die Gospelatmosphäre der Gottesdienste in den Ghettos. Mahalia Jackson liebte solche Klavierbegleitung. Und Eric Burdon stimmt nun ein im Ton eines Predigers. Er nimmt den Tonfall des Call & Response-Schemas auf und macht deutlich, dass man mit einem Minimum an Tönen ein Maximum an Ausdruck erreichen kann.

Die Widmung richtet sich vom Sohn an den Vater, vom Bruder an den Bruder: Burdon, der Nachgeborene, verweist auf die Musiker, die vor ihm den Boden fruchtbar gemacht haben, auf die Schwarzen, die mit ihm musizieren. Er erinnert an das Afrika, aus dem die Schwarzen einst als Sklaven in kleinen hölzernen Schiffen nach Amerika verfrachtet wurden. Und er nennt die Giganten des Jazz: Jelly Roll Morton, Charly „Bird“ Parker, John Coltrane und besonders Roland Kirk, dessen Vornamen er zu „Roll On“ abwandelt.

Die Huldigung an Roland Kirk und den Jazz, das Spielerische, das Unkonventionelle, das er repräsentiert, gerät unversehens zu einem Trip in die Utopie. „Everything has a dream“: das zitiert Martin Luther King herbei, dessen berühmte Rede mit den Worten „I have a dream“ anhob – es war der Traum von einem freien Amerika aller Schwarzen und Weißen –, schlägt aber zugleich die Brücke zwischen der Vergangenheit, für die Parker, Coltrane und Kirk stehen, und einer Zukunft, die sich im Traum ankündigt.

Bruchlos geht es über in das Lied von der Tabak-Straße. *Tobacco Road* – das ist der Titel eines 1932 erschienenen sozialkritischen Romans über das Arme-Leute-Milieu in Georgia. Tobacco Road – das ist in dem Mitte der 1960er Jahre entstandenen Song von John D. Loudermilk die Heimat der Underdogs, der Ort der Outcasts, der Erniedrigten und Beleidigten, hier leben die Schmuddelkinder. Eric Burdon berichtet von Tobacco Road, wo seit jeher die schwarzen Sänger des Folkblues geboren wurden, wo sie ihr Leid und ihre Sehnsüchte verkündeten.

Bruchlos wiederum geht die Rede von Tobacco Road über in einen neuen Traum. Es ist nicht der sentimentale Liebestraum der Everly Brothers. Es ist nicht der resignative Straßenkämpfertraum der Rolling Stones. Es ist nicht der surreale Poesietraum des Narren auf dem Berg. Es ist der Traum von der anarchistischen Revolution. „Es muss verändert werden. Wir müssen es niederreißen, wir müssen es aufbauen.“ Die Frauenstimme von oben entführt den Sänger in eine Horrorvision. Sie will nicht nur sein Augenlicht, sie will sein Leben. Und seine Familie sagt zu ihm: „Geh nur, gib es hin." Und er ist bereit zu sterben. Denn: „Es muss verändert werden."

Der Traum ist ein gesellschaftlicher. Der geschichtliche Fortschritt ist wichtiger, als es die Probleme des Individuums sind. Das war 1969. Bald darauf kannte auch der Rock nur noch das Feeling, nicht die Utopie. Nun musste er es total, jetzt, gleich bringen. Nun hatte man und frau null Bock darauf, zu tun, wovon Eric Burdon sang, als er den Krieg erklärte: „Ich muss diese Straße ändern, ich muss mir eine neue Straße bauen." Und er band die Utopie zurück an die Vergangenheit, aus der er, aus der seine Musik kommt: zurück an Tobacco Road. Gedächtnis und Perspektive: 1969 waren sie in der Rockmusik vorhanden.

Inzwischen haben die allgegenwärtigen Mechanismen des kapitalistischen Marktes die Rockmusik grundlegend verändert und sie weitgehend ihrer antibürgerlichen Erbschaft beraubt. Sie ist heute eine Ware wie andere Waren auch, und sie wird, wie andere Waren, weitgehend industriell hergestellt, ein kalkuliertes synthetisches Produkt, das nur noch selten künstlerischer Ausdruck von Rebellion sein darf. Gleichzeitig haben bestimmte Richtungen der populären Musik, die ihren Ursprung in einer bestimmten repressiven sozialen Situation haben und ihre Bedeutung aus eben dieser Situation beziehen, wie der Reggae oder der Rap, diese Bedeutung beim Transfer in andere kulturelle und soziale Bedingungen und damit in der Regel ins kommerzielle Umfeld weitgehend eingebüßt. Womit das schwarze Kind aus der Bronx seine Lage unmittelbar artikuliert, das wird für den saturierten CD-Käufer in Europa allenfalls zum ästhetischen Kick.

Die Bourgeoisie duldet keine Gegenentwürfe mehr. Sie gemeindet sie sich ein. Der Markt ist der Garant für das Fortleben der bürgerlichen Privilegien. Für die Übertragung der Marktgesetze auf das Bildungswesen sorgt, im Interesse dieser Bourgeoisie, an vorderster Stelle eine verbürgerlichte Sozialdemokratie. „Verteilungsgerechtigkeit“? Ein alter Hut. „Chancengleichheit“? Eine utopische Idee von gestern. Wer darauf beharrt, wer Begriffe wie „Klassenjustiz“ oder „Klassenkampf“ noch nicht aus seinem Wortschatz gestrichen hat, wird als Protagonist einer „Neidgesellschaft“ diffamiert. Weil die Bourgeoisie sehr genau weiß, was sie zu verlieren hat, pocht sie auch so penetrant und unnachgiebig auf die beherrschende Rolle des Marktes. Im Augenblick scheint ihr keine ernste Gefahr zu drohen. Im Augenblick.

Anmerkungen

1 Ein hartnäckiges Gerücht besagt, die Alt-68er verfügten über die Diskurshoheit. Sie bestimmten, was in den Medien für bedeutsam gehalten und veröffentlicht werde. Das Gerücht sagt die Wahrheit. Freilich nur unter Hinzufügung einer Präzisierung. Es betrifft fast ausschließlich jene Alt-68er, die längst strebsame Kritiker ihrer einstigen Überzeugungen, längst die hämischsten Hasser ihrer früheren Ideale und all derer, die diesen noch anhängen, geworden sind und sich nun überschlagen in apologetischen Beteuerungen gegenüber dem Status quo. Was ihren Eifer nährt, der ihnen die Türen der Medien öffnet und den Beifall ihrer Gegner von gestern sichert, ob es purer Opportunismus ist, das Bedürfnis nach einer späten Versöhnung mit den oft nationalsozialistisch geprägten Eltern, der Wunsch, endlich einmal die Stallwärme der Wohlhabenden und Mächtigen zu teilen, oder partielle Demenz – wir werden es nicht erfahren. Die renommierte Zeitschrift *Merkur*, die auch schon, vorübergehend, aufgeschlossener war gegenüber linken Ideen, ist mit einem Sonderheft angetreten, um fast die ganze Riege der Renegaten aufmarschieren zu lassen mit einer kollektiven Verteidigung des Kapitalismus, der die einzige Alternative zum Sozialismus, pardon: zur Barbarei sei (*Kapitalismus oder Barbarei?* Sonderheft *Merkur*. Stuttgart 2003). Da sind sie nun unter der Ägide des *Merkur*-Herausgebers Kurt Scheel zwischen schmutzigrot umhüllter Pappe vereint, Norbert Bolz und Jörg Lau, Mariam Lau und Michael Rutschky, Thomas E. Schmidt und Richard Herzinger. Österreich ist lediglich durch Rudolf Burger vertreten, den Rest der ressentimentgeladenen Wendetrias, Konrad Paul Liessmann und Alfred Pfabigan, hat man jenseits der Salzach übersehen.
Das Feindbild ist schnell benannt: „Altsozialisten und Neulinke, Attac-Kinder und Gewerkschafter, Kulturschaffende und Ethikexperten" (Thomas E. Schmidt), womit wenigstens dem möglichen Irrtum vorgebeugt wird, die Autoren dieses Hefts könnten Kultur schaffen, ferner „die unsicheren Kantonisten, die sozialistischen Träumer, die Taschendiebe und die Schamanen" (Thomas R. Fischer), schließlich der „Revoltiergreis Marcuse" (Mariam Lau, 41 Jahre jung und offenbar lebenslang genötigt, sich gegen einen väterlichen Revoltiergreis abzugrenzen, der das nicht verdient hat). Selbst das die Autoren verbindende Dogma steht fest, mag es an einer empirischen Überprüfung auch noch so drastisch scheitern. Die Herausgeber dekretieren es im Vorwort: „Kapitalismus, Rechtsstaat, Demokratie sind keine Gegensätze, sondern bedingen einander." Demnach wären das nationalsozialistische Deutschland und die faschistischen Diktaturen in Europa oder Lateinamerika, das heutige Russland und auch der Irak Rechtsstaaten und Demokratien. Kapitalistisch waren oder sind sie allemal. Umgekehrt könnte nach diesem pauschalen Satz im

antiken vorkapitalistischen Athen keine Demokratie geherrscht haben. Aber wer wird so genau nachfragen, was mit wechselseitiger Bedingtheit gemeint sei.
Richard Herzinger verteidigt Milton Friedmans These, wonach der freie Markt die wirksamste Schutzvorrichtung gegen politische und rassistische Diskriminierung sei, weil der Antrieb, so viel Geld wie möglich zu verdienen, solche Diskriminierungen außer Kraft setze. Was er verschweigt, ist die Tatsache, dass das gleiche Prinzip auch den Handel mit Diktatoren und den Verursachern von Diskriminierung befördert, also eine unterschiedslose Unterstützung von Opfern und Tätern, sofern sie Geld einbringen. Nicht Pinochets Gegner – seine Berater haben sich, wie Herzinger, auf Milton Friedman berufen.
Durch das ganze Heft zieht sich als Leitmotiv die Verteidigung des Neoliberalismus als moderne Variante des Liberalismus (positive Identifikationsfigur: der Nationalökonom Hayek), eine optimistische bis apologetische Einschätzung der Globalisierung, eine Rehabilitierung all jener Werte, die von den 68ern einst einer Kritik unterzogen wurden. Dass die Positionen der Studentenbewegung oder der Frankfurter Schule einer ständigen Überprüfung bedürfen, kann kein vernünftiger Zeitgenosse in Frage stellen. Was hier jedoch auffällt, sind die Feindseligkeit, der denunziatorische Gestus und die triumphale Haltung derer, die sich auf der Seite der Sieger wissen. Sie haben damit kein Problem, denn am Ende hat, in den Worten von Hans-Peter Müller, mit dem Stärkeren und Erfolgreicheren der Bessere gesiegt. Darin freilich gleichen sie den Korrumpiertesten unter den kommunistischen Intellektuellen der Stalinzeit: dass sie sich suhlen im Lichte der Macht und hämisch bis bösartig einprügeln auf jene, die im öffentlichen Diskurs längst auf dem Boden liegen, schwächer, erfolgloser und vermeintlich schlechter. Und wer das für übertrieben hält, der vergleiche aktuelle Ausgaben von Zeitungen und Zeitschriften (einschließlich des *Merkur*) mit solchen aus dem Jahr 1968 oder 1973, der überprüfe, was von dem, das in jenen Jahren in Rundfunk und Fernsehen ausgesprochen werden konnte, heute noch gesendet würde.
Ausgerechnet ein wirtschaftswissenschaftlicher Gastarbeiter, der Germanist Jochen Hörisch, stellt in dem Sonderheft rhetorisch die entscheidende Frage, die allerdings der Nationalökonom Galbraith schon vor Jahren positiv beantwortet hat: „Ist der Glauben an die ordnende Macht des Marktes nicht eben – ein frommer Glaube?" Ein Ketzer unter Gläubigen. Ihm droht, wenn nicht Fausts Verdammnis, die Barbarei. Tertium non datur.

2 Hermann Peter Piwitt hat bereits 1976 einen glänzenden Aufsatz über den Klassencharakter von ästhetischen Geschmacksurteilen veröffentlicht: *Warum sind Nelken häßlich? Zur Utopie der schweigenden*

Mehrheit. In: H.P.P.: *Boccherini und andere Bürgerpflichten.* Reinbek bei Hamburg 1976, S. 37-60.

3 C. Bernd Sucher: *Hummer, Handkuß, Höflichkeit. Das Handbuch des guten Benehmens.* München 1996.

4 Ausführlich dazu: Thomas Rothschild: *Von Einem, der auszog das Fürchten zu lehren. Streitschrift wider einen exemplarischen Karrierepolitiker.* Wien 2001. Als ich nach Jahren der redlich verdienten Diskriminierung durch Konservative von den Gremien der Universität für Musik und darstellende Kunst in Graz auf den ersten Platz einer Berufungsliste gesetzt wurde, berief Caspar Einem in seiner Eigenschaft als österreichischer Wissenschaftsminister eine zweitplatzierte Frau, die, was die Angelegenheit umso demütigender erscheinen lässt, ausschließlich in Archiven Aufgefundenes und von Zeitgenossen Erfragtes publiziert hat.
Nun könnte man, wenn man auf Einems Selbstdarstellung hereinfällt, die Möglichkeit in Betracht ziehen, dass es dem Ex-Minister um Frauenförderung ging, um die Einhaltung also von verbindlichen Kriterien, wonach Frauen bei gleicher Qualifikation und bei einem Frauenanteil von weniger als vierzig Prozent gegenüber männlichen Bewerbern bevorzugt werden sollen. Beide Kriterien trafen hier nicht zu. Der Unterschied in der Qualifikation ist so unleugbar, dass auch die Gleichstellungsbeauftragte der Universität, deren Aufgabe es ist, die Rechte von Frauen zu vertreten, dafür votierte, mich vor zwei Frauen auf der Berufungsliste zu reihen. Zudem berief Einem in anderen Fällen durchaus Männer, obwohl Frauen auf der Liste standen. Das musste er schon deshalb, weil ein Automatismus der Bevorzugung von Frauen gegen europäisches Recht verstieße und es, würde dieser Automatismus zum Prinzip gemacht, ja sinnlos wäre, überhaupt einen Mann auf eine Berufungsliste zu setzen, auf der auch eine Frau steht. Auch hätte man mich nicht ein Jahr lang als billige Arbeitskraft ausbeuten können, die man im Glauben ließ, ihre Berufung stünde unmittelbar bevor. Was also unterscheidet mich von jenen Männern, die Einem gegen eine weibliche Konkurrenz berief? Offenbar weder der Mundgeruch noch meine Vorliebe für Szegediner Gulasch, sondern die Tatsache, dass ich Linker und Jude bin. Dass Einem mit Form und Inhalt seiner Entscheidung österreichisches und europäisches Recht ignoriert hat, ohne dass das für ihn irgendwelche Folgen gehabt hätte, ist nur ein weiterer Beleg für das Rechtsverständnis mancher Sozialdemokraten, die in ihrem grenzenlosen Zynismus mit ihren eigenen Verstößen weitaus großzügiger umgehen als mit jenen ihrer politischen Gegner. Auch davon profitiert Jörg Haider. Dass Caspar Einem moralisch wie juristisch im Unrecht ist, wurde mir von führenden Sozialdemokraten bestätigt. Aber nicht ein Einziger war bereit, ihn dafür öffentlich zur Verantwortung zu ziehen. Ich

musste die Erfahrung machen, dass die SPÖ durch und durch korrupt ist und entschlossen, jede Sauerei ihrer Funktionäre zu decken.
Dass es Caspar Einem niemals um einen Ausgleich für die Jahrhunderte währende Diskriminierung von Frauen ging, lässt sich an seinem eigenen Verhalten unschwer ablesen. Noch nie hat er zu Gunsten einer Frau auf einen Posten oder ein Privileg verzichtet. Als es in der Nachfolge von Viktor Klima um den Parteivorsitz ging, signalisierte er sogleich Bereitschaft, statt für eine Frau in dieser Funktion zu plädieren. Im Juni 2002 wurde Einem zum Präsidenten des *Bundes Sozialdemokratischer Akademikerinnen und Akademiker, Intellektueller, Künstlerinnen und Künstler* (BSA) gewählt. Der BSA hat acht Landesvorsitzende. Davon ist gerade einer (in Zahlen: 1) eine Frau. Das kann nur heißen, dass die österreichische Sozialdemokratie über keine Frau verfügt, die die limitierte intellektuelle Kapazität eines Caspar Einem erreicht (wie steht eigentlich Hannelore Eva Kreisky, die Mentorin von Einems Frauenförderplan, zu dieser Möglichkeit?), oder dass dieser ein weiteres Mal beweisen wollte, dass er ein schamloser Heuchler ist, der seine angeblichen Prinzipien nur auf Männer ohne SP-Parteibuch, nie aber auf sich selbst anwendet.
Eine professionell mit der Benachteiligung von Frauen beschäftigte und mit Einem vertraute Freundin schreibt mir dazu: „Du hast sicher recht: Einem ist ein Heuchler, bzw. wenn es um eigene Positionen geht, interessieren sich die meisten Männer/Politiker kein bisschen für Abbau der Geschlechterungleichheit. Mein Leben aber ist kurz und wird immer kürzer und ich will meine Zeit nicht für Proteste, die ununterbrochen nötig wären, verwenden."
Und keiner in Einems Partei sagt: Schluss jetzt. Die Ekelgrenze ist überschritten. Stattdessen wiederholt Einem stumpfsinnig die Vokabeln „Glaubwürdigkeit" und „Chancengleichheit" und „Gerechtigkeit". Für „Glaubwürdigkeit" will ausgerechnet der Sohn der Liane von Bismarck, die mit der Familie Göring befreundet war, und Gottfried von Einems, der 1937 aus Österreich ins nationalsozialistische Deutschland ging, um Karriere zu machen, als andere in die entgegengesetzte Richtung emigrierten oder in KZs deportiert wurden, auch eintreten durch einen „offenen und ehrlichen Umgang mit der Geschichte".

5 Wie sehr Lafontaine zur Inkarnation alles Bösen gediehen ist, verdeutlicht ein Kommentar der liberalen *Stuttgarter Zeitung* vom 8. 11. 2003 zu den parteiinternen Debatten über ein neues Grundsatzprogramm für die SPD. Über das künftige Bild der SPD ringten, so die *Stuttgarter Zeitung*, „die 'Nach-68er-Generation', die Sozialdemokraten von morgen um Ute Vogt und Sigmar Gabriel – und die Traditionsgenossen, die vorgeblichen Traditionsbewahrer, Parteisenioren wie Heidemarie Wieczorek-Zeul, Wolfgang Thierse, Johano Strasser, die noch immer den alten linken Menschheitsbeglückungsträumen nachhängen.

Das Thierse-Papier spricht die Sprache von Kautsky und Bernstein, das der Netzwerker die, die heute in Vorstandsetagen und Volkshochschulen gesprochen wird, die Sprache der Internetgeneration." Und dann fährt die Zeitung fort: „Bei Thierse wird düster vor einem 'ungehemmten Finanzkapitalismus' gewarnt, vor dem finsteren Einfluss der 'Geldbesitzer'. Da wird die Ausweitung der Mitbestimmung verlangt. Der Staat, warnen die Autoren, dürfe seine Steuerungsmöglichkeiten nicht aus der Hand geben. Das einzige Rezept der Thierse-Gruppe gegen Arbeitslosigkeit heißt: Umverteilung der vorhandenen Arbeit auf mehr Schultern und ein staatlich finanzierter zweiter Arbeitsmarkt.

Die Netzwerker haben andere Vorstellungen von der Welt von morgen [...] Im Kern artikuliert sich da die Schröder-SPD gegen die Oskar Lafontaines."

Die Alternative ist hier drastisch benannt. Hie die Guten, die Sozialdemokraten „von morgen" mit den Vorstellungen von der Welt „von morgen", dort die Verächtlichen, die 68er-Senioren, die „Traditionsgenossen", die eine Tradition doch nur „vorgeblich" bewahren, die in Wahrheit alt und links davon träumen, die Menschen zu beglücken. Wer so weltfremd träumt, muss natürlich „düster" vor „Finsterem" warnen, denn das Glück, das er den Menschen angeblich bringen will wie der Nikolaus Äpfel und Nüsse, kann nur vor dem Hintergrund der Apokalypse erstrahlen. Es versteht sich, dass die Berechtigung der Warnung, ist sie erst einmal als „düster" verhöhnt, nicht überprüft werden muss. Und wenn es denn stimmte, was die *Stuttgarter Zeitung* nicht ohne Häme suggeriert, dass in den Volkshochschulen statt der Sprache Kautskys dieselbe Sprache wie in den Vorstandsetagen gesprochen wird, dann wäre dies nur ein Beleg für die Verbürgerlichung einer Institution der Arbeiterbewegung, deren Ziel es einstmals war, die Unterprivilegierten zum Kampf gegen die Vorstandsetagen zu rüsten. In diesem Kontext darf sich Bernstein einer bemerkenswerten Karriere erfreuen. Wer hätte gedacht, dass er einst zum Kronzeugen der Linken gegen die Reformer avancieren würde? Worauf das hinausläuft, ist für die *Stuttgarter Zeitung* keine Frage: auf den guten Schröder oder den bösen Lafontaine. Und er hat ja Recht, der Kommentator. Ute Vogt und die Schröder-SPD haben in der Tat mehr Interesse am Internet als an der Kontrolle des Finanzkapitals, an Mitbestimmung und Umverteilung. Die Diagnose kann akzeptieren, wer die Wertung der *Stuttgarter Zeitung* nicht übernimmt. Einer Parteiführung freilich, die den Begriff des „demokratischen Sozialismus" aus dem Programm zu streichen beabsichtigt, dürfte solch ein Kommentar durchaus zupass kommen.

6 Christian v. Ditfurth: *SPD – eine Partei gibt sich auf.* Berlin 2000.

7 Ebd., S. 7.

8 Ebd., S. 237.

9 Ebd.

10 Ebd.

11 Philipp Scheidemann: *Das historische Versagen der SPD. Schriften aus dem Exil.* Hrsg. v. Frank R. Reitzle. Lüneburg 2002, S. 38.

12 Christian v. Ditfurth, a.a.O., S. 267.

13 Ebd., S. 268.

14 Ebd.

15 Ebd., S. 294.

16 Ebd., S. 279.

17 Ebd., S. 296.

18 Ebd., S. 287.

19 Siehe: Thomas Rothschild: *Von Einem, der auszog das Fürchten zu lehren,* a.a.O.

20 Maria Roswitha Panzer: *Bürgerlichkeit. Fehldeutungen des Bürgerbegriffs in der politischen Moderne.* München 1989.

21 Ebd., S. 121.

22 Dass selbst Sozialdemokraten bisweilen lernfähig und nicht notwendig opportunistisch sind, beweist Häupls spätes Plädoyer für ein Ausländerwahlrecht. Es gibt also ein richtiges Leben im falschen ...

23 Robert Knight (Hg.): *„Ich bin dafür, die Sache in die Länge zu ziehen". Wortprotokolle der österreichischen Bundesregierung von 1945-52 über die Entschädigung der Juden.* Frankfurt am Main 1988. Siehe ergänzend die Ergebnisberichte der Österreichischen Historikerkommission, im Internet unter http://www.historikerkommission.gv.at.

24 Ebd., S. 102.

25 Ebd., S. 103.

26 Ebd.

27 Ebd., S. 61.

28 Über die Geschichte und die Gegenwart des Antisemitismus an Österreichs Universitäten siehe *Siegfrieds Köpfe. Rechtsextremismus, Rassismus und Antisemitismus an den Universitäten. Context XXI.* Wien 2002. Die darin dokumentierten Zustände ergeben für einen sozialdemokratischen Minister wie Caspar Einem keinerlei moralische und politische Verpflichtungen. Zugleich verzichtete der Dienstherr auf Disziplinarmaßnahmen gegen den Historiker Lothar Höbelt, der wiederholt durch rechtsradikale Äußerungen aufgefallen ist, und Einems Gesinnungsfreunde versäumen es denn geflissentlich, diese Fortführung oder zumindest stillschweigende Duldung der antisemitischen Tradition seitens der Sozialdemokratie auch nur in einer Fußnote zu erwähnen. In seiner Eigenschaft als neu gewählter Präsident des BSA hat Caspar Einem als Bauchredner von Gu-

senbauer im Jahr 2002 sogleich versichert, die Aufarbeitung der braunen Flecken in der Geschichte dieser Organisation gehöre zu seinen vordringlichsten Anliegen. Es ist ja mittlerweile bekannt, dass der BSA, um dem Protektionismus des katholischen CV eingestandenermaßen ein „linkes" Gegenstück zu schaffen, in Ermangelung einer originär sozialdemokratischen Intelligenz nach 1945 bis zu 40 Prozent ehemalige Nationalsozialisten aufnahm – siehe dazu insbesondere von Robert Hoffmann: *„Bund sozialistischer Anfänger". Zur Integration bürgerlicher Intellektueller im Salzburger BSA nach 1945.* In: Hanns Haas/Robert Hoffmann/Robert Kriechbaumer (Hg.): *Salzburg. Städtische Lebenswelt(en) seit 1945.* Wien; Köln; Weimar 2000, S. 247-267; Hoffmann zitiert einen Tätigkeitsbericht des Salzburger BSA-Landesvorstands, der sich unumwunden seiner protektionistischen Politik rühmt: „Im Jahre 1959 wurde in 57 personellen Angelegenheiten für Mitglieder des BSA interveniert, vor allem bei Parteistellen und Parteifunktionären. Der größte Teil dieser Interventionen war erfolgreich, bei vielen Fällen, die noch laufen, besteht Erfolgsaussicht", a.a.O., S. 258. – Jetzt, da diese ehemaligen Nationalsozialisten verstorben oder in Pension sind, will Einem dazu Symposien abhalten. Von einer Genugtuung für jene, die sowohl vom CV wie auch von den Nazis im BSA geschnitten wurden und denen in Ermangelung eines Parteibuchs und weil sie weder katholisch noch Nazis waren, jede Berufsperspektive in Österreich gestohlen wurde, ist keine Rede.

Als im Dezember 2003 der Zwischenbericht über *Die Rolle des Bundes Sozialistischer Akademiker (BSA) bei der gesellschaftlichen Reintegration ehemaliger Nationalsozialisten* vorgelegt wurde, bezeichnete Caspar Einem die von der Sozialdemokratie betriebene Rekrutierung bei den ehemaligen Nazis bei gleichzeitig – versehentlich oder bewusst? – unterlassener Rückholung der Vertriebenen in seiner wie stets wunderbaren, der Sache angemessenen Sprache als den „eigentlichen Hammer". Dass er selbst eben erst den Wunsch einer Universität, einen durch die Profiteure dieser Politik ins Ausland gezwungenen österreichischen Juden zurückzuholen, ignoriert hatte, verursachte ihm keinen erkennbaren Schluckauf.

Im erwähnten Zwischenbericht, der die eher sympathisierende Haltung seiner Verfasser gegenüber den Auftraggebern gleich in der Einleitung signalisiert, indem er durchaus begründete Vorwürfe gegen den BSA als „unfreundlich", „verhöhnend" oder „polemisch" qualifiziert, heißt es: „Es kann davon ausgegangen werden, dass durch die Orientierung des BSA auf Gewinnung ehemals nationalsozialistischer und somit tendenziell antisemitischer Potentiale auch eine atmosphärische Kräfteverschiebung stattfand, die zwar nicht ursächlich für die Nicht-Rückholung der Emigranten aus dem Exil verantwortlich war, aber diese Position deutlich in Konkordanz mit der ohnehin emigrantenfeindlichen Mentalität der Mehrheit der 'Hiergebliebenen' verfestigte." Es kann davon ausgegangen werden, dass diese Verfestigung bis heute, allen rhetorischen Volten zum Trotz, nicht nachgelassen hat, wie ja auch davon ausgegangen werden kann, dass die „tendenziell antisemitischen Potentiale" und, weniger vorsichtig formuliert, massive antisemitische Manifestationen in Österreich zu allen Zeiten – vor 1938, während des Nationalsozialismus sowie danach – weit über den Kreis der NSDAP-Mitglieder hinausreichten. Deshalb war die durch die alten Nazis bewirkte „Kräfteverschiebung" in der Tat nicht „ursächlich verantwortlich" für die Nicht-Rückholung der Emigranten: Die Sozialdemokraten hätten dieses historische Versäumnis, diesen „Hammer" auch ohne die „nationalsozialistischen Potentiale" zu ihrer Politik gemacht, wie sie heute, ohne Not und ohne Druck von der (Wähler-)Basis, eine Politik machen, die den Konservativen die Schau stiehlt – so etwa der Vorstoß der SPD zur Einrichtung von Eliteuniversitäten. Die Schaffung von zunehmender Ungleichheit, über zwei Jahrhunderte hinweg ein Prinzip der Bourgeoisie, wird somit auch im Bildungsbereich zur Handlungsmaxime der Sozialdemokratie.

Thomas Bernhard hat kein bisschen übertrieben. In Österreich haben sich die katholischen Nazis und die sozialdemokratischen Nazis die Macht geteilt. Dies und nur dies ist der Sinn von Proporz und großer Koalition. Wer weder der einen noch der anderen Hälfte angehört, hat kaum eine Chance. Noch Bruno Kreisky, qua Herkunft zum Nazi nicht geeignet, musste wenigstens Nazis decken, um seiner Partei willkommen zu sein.

Die Wahrheit lautet: Braune Flecken sind einem Einem an der Uni allemal erträglich. Einen Juden übergeht er. Und auch Evelyn Deutsch-Schreiner entspricht diesem von Einem befolgten Standard der politischen Moral, wenn sie sich den mir zustehenden Lehrstuhl in Graz ohne Skrupel zuschanzen ließ. Das erinnert an die Skrupellosigkeit, mit der Österreicher einst die arisierten Wohnungen ihrer jüdischen Nachbarn in Beschlag nahmen. Es gibt beharrliche Traditionen in Österreich. Mit der realen Diskriminierung vertragen sich durchaus die nach außen hin philosemitischen Reden, die derselbe Caspar Einem in Mauthausen oder beim Staatsbesuch in Israel hält. Und es verträgt sich damit, dass Caspar Einem an der Universität Klagenfurt einen Forschungsschwerpunkt „Jüdische Literatur in Mitteleuropa" „genehmigt". Es hat auch keinerlei Bedeutung, wenn die von Einem protegierte Deutsch-Schreiner einen Aufsatz veröffentlicht mit dem Titel „Die Opfer schützen die Täter" und sich in einem Vortrag erstaunt zeigt über das Fortwirken der nationalsozialistischen Ästhetik an österreichischen Theatern nach 1945. Im Gegenteil – und das macht die Sache nur noch schlimmer: Man degradiert die Juden zum Forschungsgegenstand und schließt sie zugleich aus der Forschung aus.

29 Gegen die Sanktionen spricht ex post, dass sie nicht die erwünschte Wirkung zeigten (obgleich man nie wird nachweisen können, dass Haider und Schüssel ohne die Sanktionen nicht ungleich radikaler durchgegriffen hätten). Brüsten sich aber führende Politiker jener Partei, die sich bis vor einigen Jahren noch „sozialistisch" nannte, heute damit, sie hätten alles getan, um die Sanktionen von Österreich (und somit in der konkreten historischen Situation von Haider und Schüssel) abzulenken, argumentieren sie national, nicht sozialistisch, nach der Logik derer, die den Exilanten von 1933-1945, etwa Willy Brandt, einen Mangel an Patriotismus oder gar Landesverrat vorwerfen.

30 In Freiburg im Breisgau hat sich der SPD-Kandidat einige Jahre später anders verhalten. Es gibt zum Glück auch in der Sozialdemokratie noch Unterschiede.

31 Es ist oft gerätselt worden, warum Joseph Roth, in jüngeren Jahren ein überzeugter Sozialist, vor seinem Tod zum Apologeten des Habsburgerreichs wurde. Zumindest ein guter Grund lässt sich, retrospektiv, selbst von eingefleischten Republikanern, nachvollziehen: Die Monarchisten waren, im Vergleich zu den österreichischen Sozialdemokraten, die noch 1938 den Anschluss an das Deutsche Reich befürworteten und nach 1945 alte Nazis entlasteten und umwarben, entschiedene Gegner des Hitler-Regimes.

32 Karl Marx: *Zur Kritik der Hegelschen Rechtsphilosophie.* In: Karl Marx/Friedrich Engels: *Werke.* Band 1. Berlin 1957, S. 381.

33 Charles de Coster: *Thyl Ulenspiegel. Die Legende und die heldenhaften, fröhlichen und ruhmreichen Abenteuer von Ulenspiegel und Lamme Goedzak im flandrischen Lande und anderswo.* München 1976, S. 269. Alle Seitenangaben im Text dieses Kapitels beziehen sich auf diese Ausgabe.

34 Zum Begriff des „Nützlichen" vergleiche auch unten den Satz Gilgis: „Weißt du, vielleicht hab' ich immer das Nützliche dem Schönen vorgezogen oder vielmehr nur das Nützliche schön gefunden."

35 Siehe Isaak Babel: *Tagebuch 1920.* Berlin 1990.

36 *M. Gor'kij i sovetskie pisateli.* (*Literaturnoe nasledstvo 70*). Moskva 1963, S. 40 (Übersetzung vom Verf.).

37 Isaak Babel: *Die Reiterarmee.* Berlin 1994, S. 48. Alle Seitenangaben im Text dieses Kapitels beziehen sich auf diese Ausgabe.

38 Ursula Krechel: „Irmgard Keun: die Zerstörung der kalten Ordnung. Auch ein Versuch über das Vergessen weiblicher Kulturleistungen". In: *Literaturmagazin 10. Vorbilder.* Reinbek bei Hamburg 1979, S. 104.

39 Ernst J. Walberg: „'Mein Herz ist ein Klumpen Trauer'. Irmgard Keuns Roman 'Nach Mitternacht' endlich wieder erschienen". *die horen* 120/1980, S. 225.

40 Ebd., S. 226.

41 Elfriede Jelinek: „'Weil sie heimlich weinen muß, lacht sie über Zeitgenossen.' Über Irmgard Keun". *die horen* 120/1980, S. 223.

42 Irmgard Keun: *Gilgi – eine von uns.* Hildesheim 1993, S. 235. Alle Seitenangaben im Text dieses Kapitels beziehen sich auf diese Ausgabe.

43 Ingrid Marchlewitz: *Irmgard Keun. Leben und Werk.* Würzburg 1999, S. 81. Marchlewitz verweist in diesem Zusammenhang auch auf das ansonsten sehr positive Urteil Kurt Tucholskys in seiner Rezension in der *Weltbühne*.

44 Ebd., S. 81.

45 Doris Rosenstein: *Irmgard Keun. Das Erzählwerk der dreißiger Jahre.* Frankfurt am Main; Bern; New York; Paris 1991.

46 Ebd., S. 87.

47 Ebd., S. 114.

48 Alice Rühle-Gerstel: *Das Frauenproblem der Gegenwart.* Zitiert nach Doris Rosenstein, a.a.O., S. 49.

49 Regie: Frank Capra. Drehbuch: Robert Riskin, nach einem Bühnenstück von George S. Kaufman und Moss Hart. Kamera: Joseph Walker. Ausstattung: Stephen Goosson und Lionel Banks. Schnitt: Gene Havlick. Musik: Dimitri Tiomkin. Darsteller: Jean Arthur, Lionel Barrymore, James Stewart, Edward Arnold, Mischa Auer, Ann Miller, Spring Byington, Samuel S. Hinds, Donald Meek, H. B. Warner, Halliwell Hobbes, Mary Forbes, Dub Taylor, Lillian Yarbo, Eddie Anderson, Clarence Wilson, Harry Davenport, Charles Lane, Robert Greig.

50 „Wenn mir das Glück winkt". Für die Dialogzitate wurden außer der Videokassette die Exzerpte in Frank Vreeland: *Foremost Films of 1938. A Yearbook of the American Screen*. New York; Chicago 1939, die gelegentlich beträchtlich von der Filmfassung abweichen, zu Rate gezogen. Die Übersetzung der Dialogpassagen folgt der unter dem Titel *Lebenskünstler* von arte ausgestrahlten synchronisierten Version des Films.

51 „Im Vertrauen gesagt: sie ist schlecht." Warum hier der *running gag* des unpassenden „it stinks", das zur komischen Figur des russischen Emigranten passt, preisgegeben wurde, ist rätselhaft.

52 Joseph McBride bemerkt sarkastisch – nicht ohne zu erwähnen, dass Capra mit seinen Filmen, die die egoistischen Reichen attackieren, Millionär geworden war: „*Lost Horizon*, like *You Can't Take It With You* presents a small utopian community with a nearly miraculous lack of need for money (only Jean Arthur has a job, and she works because she wants to) and a leisurely life-style made possible by the labor of the lower classes, in this case the family's black servants (Eddie 'Rochester' Anderson and Lillian Yarbo)." Joseph McBride: *Frank Capra. The Catastrophe of Success.* New York; London; Toronto; Sydney; Tokyo; Singapore 1993, S. 382. Immerhin wird im Film erwähnt, dass Grandpa Vanderhof als Briefmarkenexperte für

seine Gutachten bezahlt wird. McBride geht allerdings noch weiter, wenn er ausführt: „But it is, by and large, a safe nonconformity, without risk af adverse economic or social consequences and therefore a meaningless form of pseudo-revolt. The real down-and-outers – the Vanderhof's dispossessed neighbors, the prisoners in the jail – are, as usual with Capra, depicted with a mixture of sympathy and distaste: the neighbors helplessly look to Grandpa Vanderhof to save them from eviction, the prisoners react angrily when Kirby calls them 'scum' but then dive en masse for his discarded cigar butt, Capra's favorite symbol of arrogant wealth." Ebd. McBride kennzeichnet hier die offensichtlichen Grenzen von Capras sozialem Engagement. Mit etwas gutem Willen kann man freilich in den zuletzt beschriebenen Szenen weitaus mehr Sympathie als Widerwillen entdecken. In einer verkürzten, im Film durchaus üblichen und in der Symbolsprache etwa eines Eisenstein vorgeprägten Weise verbildlichen sie soziale Konstellationen. Es fragt sich, ob da nicht der Autor seinen eigenen (klassenspezifischen) Widerwillen gegenüber dem gezeigten Verhalten in Capra hineinprojiziert.

53 „Großvater fing damit an. Er gab von einem Tag auf den anderen sein Geschäft auf. Er fuhr mit dem Fahrstuhl rauf in sein Büro, drehte sich um, fuhr wieder runter und betrat es nie wieder. Er könnte ein reicher Mann sein, aber er sagte, er hätte keinen Spaß gehabt. Eines Tages fing er dann an Briefmarken zu sammeln. Er wird dafür bezahlt, Sammlungen zu schätzen. Er ist ein großer Experte auf dem Gebiet. Mein Daddy baut Feuerwerkskörper, weil er wahrscheinlich nie erwachsen geworden ist. Und Mutter – weißt du, warum Mutter Stücke schreibt? Weil vor acht Jahren irrtümlich eine Schreibmaschine ins Haus geliefert wurde."

54 Dass man hier, anders als in *It's a Wonderful Life*, eigentlich nicht von „Familie" sprechen könne, betont Ray Carney: „The Dickensian 'families' in *Arsenic and Old Lace* and *You Can't Take It With You* do not count, since they are only loose aggregations of more or less independent eccentrics – groups of people who live together in the same household but who sacrifice none of their individualism or independence to the claims of the community they constitute or the responsibilities of mutual interdependency." Ray Carney: *American Vision. The Films of Frank Capra.* Hanover; London 1996, S. 400. Diese Beobachtung ist für unser Thema insofern von Belang, als gerade die Familie in der bürgerlichen Ideologie eine zentrale Stellung einnimmt und die Auflösung der Familie ein Indiz für Unbürgerlichkeit wäre. Allerdings muss Carneys Feststellung relativiert werden mit Hinweis auf jene Szene, in der Grandpa Vanderhof erklärt, warum er sein Haus nicht verkaufen will, und eine direkte (Familien-)Beziehung zwischen seiner verstorbenen Frau und seiner Enkelin Alice herstellt.

55 „Sie haben doch selbst mal Mundharmonika gespielt."

56 „Vielleicht würde es Sie davon abbringen so verzweifelt zu versuchen, mehr Geld zu verdienen, als Sie jemals brauchen werden. Man kann es nicht mitnehmen, Mr. Kirby. Also wozu soll es gut sein? So wie ich die Dinge sehe, ist das Einzige, was man mitnehmen kann, die Liebe seiner Freunde."

57 „Abschaum sind wir? Was macht Sie glauben, dass Sie ein so überragendes menschliches Wesen sind? Ihr Geld? Falls es das sein sollte, sind Sie einfach ein Narr, Mr. Kirby, und ein armer noch dazu. Sie sind noch ärmer als all diese Leute, die Sie Abschaum nennen, weil ich davon überzeugt bin, dass jeder von ihnen wenigstens ein paar Freunde hat. Aber Sie in ihrem Dschungel, mit Ihren langen Krallen, wie Sie sich ausdrücken, werden bis zum Ende Ihrer erbärmlichen Existenz auch nicht einen einzigen Menschen Ihren Freund nennen können. Sie mögen sich selbst für den Großmogul halten, Mr. Kirby, aber für mich sind Sie ein Versager, ein Versager als Mann, ein Versager als Mensch – sogar ein Versager als Vater! Wenn Ihnen die Stunde schlägt, bezweifle ich, dass auch nur eine einzige Träne über Sie vergossen wird."

58 „Ich hab' erkannt, dass deine Familie nicht gut genug ist. Wie um alles in der Welt käme ich dazu, in eine derart versnobte Bagage einzuheiraten!"

59 „Weil mir plötzlich klar wird, dass ich gar nichts verloren habe – dass ich niemals auch nur einen Moment des Glücks während meiner Tätigkeit empfunden habe! [...] Du wirst um Hilfe schreien und plötzlich ganz allein auf der Welt sein! [...] Ich weiß es! Denn mir ist es so ergangen. Und es wird auch dir so ergehen! Es wird allen Männern so gehen, die so sind wie wir. Irgendwann ereilt es uns!"

60 Auch seine Kritiker tun es nicht. Graham Greene moniert nicht etwa die Ersetzung des Klassenkampfes durch die Einsicht der Kapitalisten, er befürchtet vielmehr schlimme Folgen, wenn der Wall-Street-Magnat alles hinschmeiße und Mundharmonika spiele: „This presumably means a crash in Wall Street and the ruin of thousands of small investors, but it is useless trying to analyse the idea behind Capra films: there *is* no idea that you'd notice, only a sense of dissatisfaction, an urge to escape – on to the open road with the daughter of a millionaire, back to small-town simplicity on a safe income." Zitiert nach Joseph McBride, a.a.O., S. 383. Greene hat schon Recht, wenn es sich im Fall von *You Can't Take It With You* auch um den Sohn eines Millionärs handelt. Freilich beantwortet er Capras Unzufriedenheit, die die Idee des Kapitalismus nicht zu überschreiten vermag, mit Bedenken, die die Idee des Kapitalismus nicht zu überschreiten vermögen.

61 Richard Griffith: *Frank Capra.* London 1951, S. 18. Zitiert nach Charles J. Maland: *Frank Capra.* New York 1995, S. 104.

62 Als Beleg dafür wird gemeinhin die zentrale Rede Grandpa Vanderhofs zitiert, in der er, mit Berufung auf die Helden der amerikanischen Geschichte, den „Ismen", also den Ideologien, eine Abfuhr erteilt. Für eine Diskussion und eine abweichende Lesart dieser Stelle vgl. Leland Poague: *Another Frank Capra*. Cambridge 1994, S. 49-63.

63 Regie: Alain Tanner. Drehbuch: Alain Tanner. Kamera: Renato Berta. Schnitt: Brigitte Sousselier, Laurent Uhler. Musik: Arié Dzierlatka. Darsteller: Clémentine Amouroux, Catherine Rétoré, Franziskus Abgottspon, Gérald Battiaz, Hansjörg Bedschard, René Besson, Jürgen Brugger, Walter Doppler, Beat Fäh, Michel Fidanza, Claude Fleury, Arthur Grosjean, Max Heinzelmann, Hans-Ulrich Indermauer, Georg Janett, Werner Kuhn, Beat Knoll, Denis Michel, Jacques Michel, Jean-Pierre Montier, Jörg Reichlin, Ezi Rider, Laurence Rochaix.

64 Ich zitiere nach der synchronisierten Version des Films.

65 Jim Leach macht darauf aufmerksam, dass dieser Name – und also der Titel des Films – auf Zolas *Germinal* zurückverweist: „In Zola's case, the title sets up an ironic contrast between the progressive ideals (usually subsumed under the term 'Enlightenment'), which motivated the Revolutionary demand for social change and the terrible working and living conditions endured by mineworkers 100 years later. Tanner's historical allusion, coming almost another 100 years further on, suggests rather that, while the Enlightenment project may have succeeded in transforming Western society, it has failed in its goal of freeing the individual from the tyranny of authority and superstition. In modern Switzerland, as depicted in the film, there is almost no sign of the Church, and authority is present mainly in the diffuse form of ideological assumptions, but *Messidor* still stresses a resistance to change which can be related to the more recent (but unmentioned in the film) historical failure of the 'French Revolution' of May 1968." Jim Leach: *Messidor*. Trowbridge 1998, S. 13 f.

66 Bertolt Brecht: *Aufstieg und Fall der Stadt Mahagonny.* In: Bertolt Brecht: *Gesammelte Werke.* Band 2. Frankfurt am Main 1967, S. 555.

67 „Wenn sie [Callie Khouri] von ihrem Drehbuch erzählt, klingt es, als hätte sie nur als Medium fungiert", verkündet *Projekt Filmprogramm* 46 vom Oktober 1991. Nun ja, so kann man es auch ausdrücken, wenn die Inspiration von anderswo kam.

68 „Sisters Are Doin' It For Themselves. David Konow speaks with Callie Khouri", *Creative Screenwriting* September/October 2001, S. 54.

69 Ebd.

70 Nur um den krassen Unterschied zwischen europäischem und amerikanischem Filmverständnis zu begreifen, lohnt es sich, Syd Fields euphorischen Aufsatz über *Thelma & Louise* zu lesen (in: Syd Field: *Four Screenplays. Studies in the American Screenplay*. New York

1994). In diesem Zusammenhang muss man es zutiefst bedauern, dass Syd Field auch in Europa bei Drehbuchseminaren immer wieder als Autorität eingeladen und seinen Ratschlägen kritiklos gelauscht wird. Es ist die von Syd Field propagierte Ästhetik, die in Kollaboration mit der Wirtschaftsmacht Hollywoods dem europäischen Film und mit ihm der qualifizierten Filmkritik den Todesstoß verleiht.

71 „Sisters Are Doin' It For Themselves. David Konow speaks with Callie Khouri", a.a.O., S. 58.

72 Ebd., S. 56.

73 Zutreffend konstatiert Jim Leach in einem Vergleich von *Messidor* und *Thelma & Louise*, „that Tanner's 'failure' may stem from his refusal to construe 'effect' in terms that would allow him to remain within the ideological frameworks of both Hollywood cinema and traditional liberal politics". Jim Leach, a.a.O., S. 27.

74 Paul M. Sammon: *Ridley Scott.* London 1999, S. 110.

75 Regie: Ken Loach. Drehbuch: Paul Laverty. Kamera: Barry Ackroyd. Ausstattung: Martin Johnson. Schnitt: Jonathan Morris. Musik: George Fenton. Darsteller: Peter Mullan, Louise Goodall, Gary Lewis, Lorraine McIntosh, David McKay, AnneMarie Kennedy, Scott Hannah, David Peacock, Gordon McMurray, James McHendry, Paul Clark, Stephen McCole, Simon Macallum, Paul Gillan, Stephen Docherty, Paul Doonan, Cary Carbin, David Hayman, Martin McCardie, James McNeish, Kevin Kelly, Brian Timoney, David Hough, Sandy West, John Comerford, Carol Pyper Rafferty, Elaine M. Ellis, Stewart Ennis, Andy Townsley, Ann Marie Lafferty, Bill Murdoch, Kate Black, Rab Affleck, Archie Clark, Tom Dingwall, Amanda Godfrey, Jimmy Hanlon, Eddie McIntyre, Fr. Joe Mills, John Smith, Dorothy Jane Stewart, Rab Wilson.

76 Graham Fuller (Hg.): *Loach on Loach.* London 1998, S. 12.

77 „Ein paar Studenten ..." „Nein das ist nicht so gut ..." Für die Dialogzitate wurde außer der Videokassette das Buch *My Name is Joe.* Written by Paul Laverty. Directed by Ken Loach. Eye Suffolk 1998 verwendet. Die zum Teil beträchtlichen Abweichungen des fertigen Films vom Script verdanken sich den Improvisationen, die Loach seinen Darstellern abverlangt. Die Übersetzung der Dialogpassagen folgt der synchronisierten Version des Films.

78 „Wir leben nicht alle in deiner kleinen sauberen Welt ... Weißt du, Leute können nicht einfach zur Polizei gehen ... Manche können nicht einfach zur Bank gehen und sich einen Kredit holen ... Manche können nicht umziehen und sind dann alle Probleme los ... Manche haben keine andere Wahl ... Ich hatte keine andere Wahl ..."

79 Zur Frage, welche Ästhetik einem politischen Film angemessen sei: „Indeed, two major shortcomings of the traditional critique of rea-

lism was its characteristic reliance on crude binary oppositions (*either* narrative realism *or* the revolutionary avant-garde; *either* Costa-Gavras *or* Godard) and general tendency to assume that certain aesthetic strategies (primarily Brechtian) would almost necessarily deliver a radical politics. It is evident that the unitary model of political cinema which underpinned such formulations is inadequate, and that changed political circumstances now require more diverse forms of political filmmaking." John Hill: *Finding a form: politics and aesthetics in* Fatherland, Hidden Agenda *and* Riff-Raff. In: George McKnight (Hg.): *Agent of Challenge and Defiance. The Films of Ken Loach.* Trowbridge 1997, S. 138 f.

80 Graham Fuller, a.a.O., S. 41.

81 Ebd., S. 83. Dieser Vorwurf erscheint zwar angesichts des vorherrschenden Inhaltismus in der Filmkritik kurios, aber er kennzeichnet jedenfalls Loachs Position.

Literaturverzeichnis

Isaak Babel: *Die Reiterarmee*. Berlin 1994

Ray Carney: *American Vision. The Films of Frank Capra*. Hanover; London 1996

Charles de Coster: *Thyl Ulenspiegel. Die Legende und die heldenhaften, fröhlichen und ruhmreichen Abenteuer von Ulenspiegel und Lamme Goedzak im flandrischen Lande und anderswo.* München 1976

Christian v. Ditfurth: *SPD – eine Partei gibt sich auf.* Berlin 2000

Graham Fuller (Hg.): *Loach on Loach.* London 1998

Elfriede Jelinek: „'Weil sie heimlich weinen muß, lacht sie über Zeitgenossen.' Über Irmgard Keun". *die horen* 120/1980, S. 221-225

Irmgard Keun: *Gilgi – eine von uns.* Hildesheim 1993

Robert Knight (Hg.): *„Ich bin dafür, die Sache in die Länge zu ziehen". Wortprotokolle der österreichischen Bundesregierung von 1945-52 über die Entschädigung der Juden.* Frankfurt am Main 1988

Ursula Krechel: „Irmgard Keun: die Zerstörung der kalten Ordnung. Auch ein Versuch über das Vergessen weiblicher Kulturleistungen". In: *Literaturmagazin 10. Vorbilder.* Reinbek bei Hamburg 1979, S. 103-128

Jim Leach: *Messidor*. Trowbridge 1998

Charles J. Maland: *Frank Capra.* New York 1995

Ingrid Marchlewitz: *Irmgard Keun. Leben und Werk.* Würzburg 1999

Joseph McBride: *Frank Capra. The Catastrophe of Success*. New York; London; Toronto; Sydney; Tokyo; Singapore 1993

George McKnight (Hg.): *Agent of Challenge and Defiance. The Films of Ken Loach*. Trowbridge 1997

My Name is Joe. Written by Paul Laverty. Directed by Ken Loach. Eye Suffolk 1998

Maria Roswitha Panzer: *Bürgerlichkeit. Fehldeutungen des Bürgerbegriffs in der politischen Moderne.* München 1989

Leland Poague: *Another Frank Capra*. Cambridge 1994

Doris Rosenstein: *Irmgard Keun. Das Erzählwerk der dreißiger Jahre.* Frankfurt am Main; Bern; New York; Paris 1991

Thomas Rothschild: *Von Einem, der auszog das Fürchten zu lehren. Streitschrift wider einen exemplarischen Karrierepolitiker.* Wien 2001

Paul M. Sammon: *Ridley Scott.* London 1999

Philipp Scheidemann: *Das historische Versagen der SPD. Schriften aus dem Exil.* Herausgegeben von Frank R. Reitzle. Lüneburg 2002

C. Bernd Sucher: *Hummer, Handkuß, Höflichkeit. Das Handbuch des guten Benehmens.* München 1996

Frank Vreeland: *Foremost Films of 1938. A Yearbook of the American Screen.* New York; Chicago 1939

Der Autor

Thomas Rothschild, 1942 in Glasgow geboren, Studium der Slawistik und Germanistik in Wien, Moskau und Prag, 1968-1971 Linguist, seit 1971 Literaturwissenschaftler an der Universität Stuttgart. Publikationen u.a. zum politischen Lied, zur Literatur des zwanzigsten Jahrhunderts, zu Medienfragen. Umfangreiche journalistische Tätigkeit. Österreichischer Staatspreis für Literaturkritik; Bruno-Kreisky-Preis für das politische Buch.

ÖSTERREICH-THEMEN
im Promedia-Verlag

Mattl/Müller-Richter/Schwarz (Hg.):
„Felix Salten: Wurstelprater"
Ein Schlüsseltext zur Wiener Moderne
Mit Originalaufnahmen von Emil Mayer
256 Seiten, € 19,90; ISBN 3-85371-219-3, erschienen: 2004

Rolf Schwendter:
„Subkulturelles Wien"
Literatur, Kultur, Politik
Die informelle Gruppe (1959 - 1971)
160 Seiten, € 15,90; ISBN 3-85371-215-0, erschienen: 2003

Helmut Weihsmann:
„Das rote Wien"
Sozialdemokratische Architektur und
Kommunalpolitik 1919 - 1934
528 Seiten, großes Format, 300 Photos und Pläne, Grundrisse,
€ 39,90; sFr. 69.-
ISBN 3-85371-181-2, erschienen: 2002

Helga Amesberger/ Brigitte Halbmayr:
„Vom Leben und Überleben – Wege nach Ravensbrück"
Das Frauenkonzentrationslager in der Erinnerung
Band 1: Dokumentation, 264 Seiten, € 17,90; ISBN 3-85371-175-8
Band 2: Lebensgeschichten, 272 Seiten, € 17,90; ISBN 3-85371-176-6
erschienen: 2001

Obid/Messner/Leben:
„Haiders Exerzierfeld"
Kärntens SlowenInnen in der deutschen Volksgemeinschaft
140 Seiten, € 13,90; sFr. 25,40
ISBN 3-85371-174-X, erschienen: 2002

Hilde Schmölzer:
„Rosa Mayreder"
Ein Leben zwischen Utopie und Wirklichkeit
304 Seiten, € 21,90
ISBN 3-85371-196-0, erschienen: 2002